ARTHUR POUGIN

LE THÉATRE

A L'EXPOSITION UNIVERSELLE

DE 1889

NOTES ET DESCRIPTIONS

HISTOIRE ET SOUVENIRS

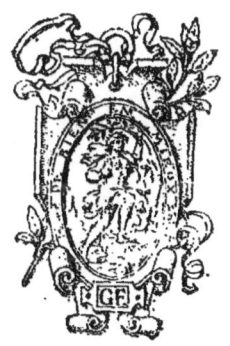

PARIS

LIBRAIRIE FISCHBACHER

SOCIÉTÉ ANONYME

33, RUE DE SEINE, 33

1890

LE THÉATRE

A L'EXPOSITION UNIVERSELLE

DE 1889

ARTHUR POUGIN

LE THÉATRE

A L'EXPOSITION UNIVERSELLE

DE 1889

NOTES ET DESCRIPTIONS

HISTOIRE ET SOUVENIRS

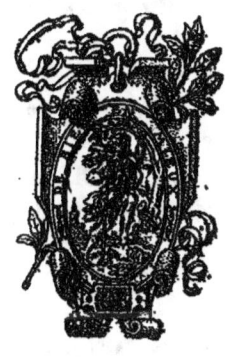

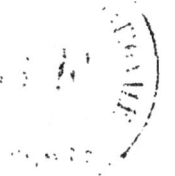

PARIS

LIBRAIRIE FISCHBACHER

SOCIÉTÉ ANONYME

33, RUE DE SEINE, 33

1890

DU MÊME AUTEUR :

Supplément et Complément à la BIOGRAPHIE UNIVERSELLE DES MUSICIENS de Fétis (2 vol. grand in-8°). — Firmin-Didot, éditeur.

DICTIONNAIRE HISTORIQUE ET PITTORESQUE DU THÉÂTRE *et des Arts qui s'y rattachent* (1 vol. grand in-8°, avec 400 gravures). — Firmin-Didot, éditeur.

ADOLPHE ADAM, *sa Vie, sa Carrière, ses Mémoires artistiques* (1 vol. in-18 jésus, avec portrait et autographe). — Charpentier, éditeur.

BELLINI, *sa Vie, ses Œuvres* (1 vol. in-18 jésus, avec portrait et autographes). — Hachette, éditeur.

BOIELDIEU, *sa Vie, ses Œuvres, son Caractère, sa Correspondance* (1 vol. in-18 jésus, avec portrait et autographe). — Charpentier, éditeur.

ALBERT GRISAR, *Étude artistique* (1 vol. in-18 jésus, avec portrait et autographe). — Hachette, éditeur.

MÉHUL, *sa Vie, son Génie, son Caractère* (1 vol. in-8°, avec portrait). — Fischbacher, éditeur.

MEYERBEER, *Notes biographiques* (brochure in-18 jésus). — Tresse, éditeur.

ROSSINI, *Notes, Impressions, Souvenirs, Commentaires* (1 vol. in-8°). — Claudin, éditeur.

RAMEAU, *Essai sur sa vie et ses œuvres* (1 vol. in-16). — Decaux, éditeur.

VERDI, *Histoire anecdotique de sa vie et de ses œuvres* (1 vol. in-18 jésus, avec portrait). — Calmann Lévy, éditeur.

VIOTTI ET L'ÉCOLE MODERNE DE VIOLON (1 vol. in-8°). — Schott, éditeur.

NOTICE SUR RODE, *Violoniste Français* (brochure in-8°). — Pottier de Lalaine, éditeur.

FIGURES D'OPÉRA-COMIQUE : *Elleviou, Mme Dugazon, la Famille Gavaudan* (1 vol. in-8° avec trois portraits). — Tresse, éditeur.

LES VRAIS CRÉATEURS DE L'OPÉRA FRANÇAIS. *Perrin et Cambert* (1 vol. in-18 jésus). — Charavay, éditeur.

MOLIÈRE ET L'OPÉRA-COMIQUE. *Le Sicilien* (brochure in-8°). — Baur, éditeur.

SOUS PRESSE :

Un grand Théâtre à Paris pendant la Révolution : L'OPÉRA-COMIQUE DE 1788 A 1801, d'après des documents inédits (1 vol. in-8°).

C'est peut-être ici le premier travail spécial qui ait encore été publié sur la part faite au théâtre et à tout ce qui s'y rapporte dans une exposition universelle. Il est vrai que, au moins en ce qui concerne nos grandes exhibitions françaises, cette part a été, en 1889, plus considérable qu'on ne l'avait faite jusqu'alors. Le théâtre avait bien été déjà, en 1878, l'objet d'une première tentative et d'une attention véritable ; mais ce n'était là qu'un essai et un commencement. On lui avait réservé cette fois un rôle plus important, sans que, malheureusement, les études aient été commencées assez tôt pour que le résultat ait pu être aussi satisfaisant et aussi complet qu'on l'eût souhaité. L'exposition théâtrale était loin d'être parfaite, et on y eût souhaité plus d'ordre, de logique et de cohésion. Néanmoins, ce double essai, à onze années de distance, a montré tout l'intérêt qui s'attache à cet art admirable du théâtre, l'une des grandes originalités de la civilisation moderne, et toute l'attention que lui porte le public, qui en suit toujours les manifestations diverses avec un plaisir si évident.

Tout porte à croire que devant le succès qui a accueilli la gentille exposition théâtrale installée au Champ de Mars en 1889, on s'efforcera dans l'avenir de faire mieux encore, et plus complètement. En tout cas, j'ai pensé qu'il pouvait n'être pas superflu de recueillir et de réunir ici, dans une vue d'ensemble, tous les renseignements relatifs à cette exposition et à tout ce qui, de près ou de loin, se rattachait au théâtre dans toutes les parties de cette vaste exhibition de 1889, qui a laissé derrière elle un sillon si lumineux et dont le souvenir n'est pas près de s'éteindre. J'ai d'ailleurs étayé ces renseignements de quelques souvenirs et de quelques remarques historiques destinés à les compléter, à faire mieux ressortir le caractère et l'importance de toutes choses, à montrer le chemin parcouru et les progrès accomplis. Il m'a semblé qu'un tel travail, ainsi compris, pouvait n'être pas tout à fait inutile, ne fût-ce qu'à titre de document, et c'est pourquoi je le livre avec confiance au public, en sollicitant pour lui toute son indulgence. Peut-être, à l'occasion, quelque travailleur, quelque curieux, aimant le théâtre comme je l'aime moi-même, trouvera-t-il à le consulter un certain intérêt et quelque utilité.

LE THÉÂTRE

A L'EXPOSITION UNIVERSELLE DE 1889

Ce qu'il faut constater avant tout, lorsqu'on veut caractériser le rôle dévolu au théâtre à l'Exposition universelle, c'est l'absence complète de plan, de méthode, de logique qui a présidé à l'organisation de l'exposition théâtrale proprement dite. Tout d'abord, cette exposition était trop restreinte, et la place lui était mesurée d'une façon vraiment trop parcimonieuse. Il est certain que l'élégante rotonde qui lui était consacrée au rez-de-chaussée du palais des arts libéraux ne laissait à la disposition des organisateurs qu'un espace beaucoup trop étroit pour l'accumulation d'objets de toute sorte et de tout genre qu'appelait une exhibition théâtrale vraiment complète et digne de ce nom, digne surtout d'entrer dans cette division importante à laquelle on avait donné le beau nom d' « histoire du travail. » Cela est si vrai que, même incomplète comme elle était, elle s'est vue obligée d'empiéter sur les terrains avoisinants et de s'étendre indûment autour du modeste domaine qui lui avait été réservé. D'autre part, on peut affirmer, sans crainte de se tromper, qu'aucune coordination rationnelle, qu'aucune vue d'ensemble ne distinguait cet assemblage hétéroclite de documents si intéressants par eux-mêmes, mais trop peu nombreux, et qu'un classement méthodique et rigoureux eût pu rendre si utile et si instructif.

Et pourtant, malgré cette absence de plan, malgré ce peu de soin préventif, le public prenait tant d'intérêt à cette exposition que la petite rotonde ne désemplissait jamais et qu'il était presque toujours impossible d'y circuler, tellement on se pressait, on se foulait autour de ses vitrines, devant les dessins, les portraits, les objets divers qui y étaient accumulés dans un désordre qui pouvait être un effet de l'art, mais qui n'était certainement pas celui de la logique et de la réflexion. Mais à côté du public, qui venait là par dilettantisme et simple curiosité, il y avait le travailleur, le curieux d'histoire, qui n'eût pas été fâché de trouver là les moyens de s'instruire,

1

d'augmenter la somme de ses connaissances, et qui pestait un peu de voir que tout avait été laissé en quelque sorte au hasard, qu'aucun classement n'avait été même ébauché, alors qu'avec un petit effort on eût pu joindre si facilement l'utile à l'agréable.

D'ailleurs, en dehors de l'exposition théâtrale proprement dite, on découvrait à chaque instant, dans diverses parties du Champ de Mars, certains groupements d'objets qui auraient dû lui appartenir, certains élém.nts qui lui revenaient de droit et qui, si elle en avait été augmentée, auraient suffi à lui communiquer une puissance toute particulière, à lui donner un aspect caractéristique et parfois saisissant. Ainsi, précisément au-dessus de la rotonde qui lui était officiellement affectée, au premier étage de ce palais des Arts libéraux, on avait groupé, à côté d'un certain nombre d'estampes et de portraits d'artistes parfois d'une mince valeur, une série très intéressante de modèles d'anciens théâtres dont l'étude était fort utile au point de vue de l'histoire de l'architecture et de la machinerie théâtrales; et, tout à côté, se trouvait disposée toute une collection extrêmement curieuse, et unique en son genre, d'estampes originales relatives au théâtre, à la musique et à la danse du Japon et des pays d'Extrême-Orient, avec des photographies prises sur nature et d'un intérêt très vif. D'autre part, et toujours en dehors de l'exposition officielle, MM. J.-B. Lavastre, Chaperon, Eugène Lacoste et Bianchini avaient organisé dans la galerie de droite, entre la librairie et la photographie, une petite exposition collective de premier ordre, comprenant toute une série des maquettes et dessins de décors et de costumes exécutés par eux pour nos grands théâtres : l'Opéra, la Comédie-Française et l'Opéra-Comique. Non loin de là, dans l'exposition qui prenait le titre d' « histoire de l'affiche, » on rencontrait une suite d'affiches des premiers temps de notre théâtre qui constituent de véritables documents historiques, absolument inconnus jusqu'ici. Enfin, il n'est pas jusque dans la classe du mobilier, où j'ai rencontré une exposition fort intéressante, ma foi, de cartonnages et d'accessoires de théâtre, faite par M. Charles Hallé. Mais, dame ! il fallait se donner de la peine pour déterrer tout cela, et encore fallait-il que le dieu hasard vînt à votre aide.

Néanmoins, en groupant tous ces éléments épars, en les réunissant par la pensée, en les classant avec l'ordre et la méthode qui ont si souverainement manqué dans l'organisation, on peut faire, de tous les objets relatifs au théâtre qui ont figuré à l'Exposition universelle, une revue intéressante, curieuse, animée, et qui ne laisse pas d'avoir son côté utile. C'est ce que je vais m'efforcer de faire, en m'aidant des notes très précises que de très nombreuses visites dans toutes les parties du Champ de Mars m'ont permis de réunir.

I

LA ROTONDE DE L'EXPOSITION THÉATRALE

Commençons par le commencement, et rappelons d'abord l'aspect général de la rotonde affectée à l'exposition théâtrale officielle, située au rez-de-chaussée, à droite, presque à l'entrée du palais des Arts libéraux. On y pénètre par deux baies ouvertes en face l'une de l'autre, au-dessus de chacune desquelles se trouve cette inscription :

MINISTÈRE DE L'INSTRUCTION PUBLIQUE

ET DES BEAUX-ARTS.

EXPOSITION THÉATRALE.

Tout autour, sur une sorte de frise, sont inscrits, dans un ordre chronologique, les noms de quelques-uns des peintres les plus fameux qui se sont distingués en France dans l'art de la décoration théâtrale : TORELLI. — VIGARANI. — BÉRAIN. — SERVANDONI. — BOQUET. — DEGOTTI. — ISABEY. — DAGUERRE. — CICÉRI. — DIÉTERLE. — SÉCHAN. — THIERRY. — CAMBON. — DESPLÉCHIN. A l'intérieur, quatre grandes vitrines, renfermant des objets divers. Deux d'entre elles contiennent toute une série d'autographes de musique de compositeurs célèbres, provenant de la bibliothèque de l'Opéra et reproduisant des fragments *inédits*, c'est-à-dire des morceaux ou parties de morceaux coupés avant la représentation, et dont je donnerai la liste plus loin ; dans la troisième sont réunis divers éléments d'une collection très curieuse appartenant à un intelligent amateur, M. Arthur Maury, et provenant de l'ancien petit théâtre d'ombres chinoises resté si fameux sous le nom de théâtre Séraphin : portraits, affiches, prospectus, billets d'entrée, marionnettes, silhouettes découpées, etc.; la quatrième enfin est remplie d'objets de joaillerie théâtrale : couronnes, diadèmes, colliers, bracelets, ordres de chevalerie, aigrettes, broches, rivières, poignards, éperons...., avec cette inscription : *Exposition théâtrale. Fournisseurs des théâtres subventionnés. Maison Gaston Thomas.*

Sur une sorte de console qui contourne intérieurement toute la salle, sont placés, avec toute une suite de figurines habillées constituant ce qu'on a appelé trop ambitieusement l' « histoire du costume, » un certain nombre de bustes d'artistes ou d'auteurs dramatiques, les uns en bronze, d'autres en marbre, d'autres encore en plâtre ou en terre cuite, la plupart ayant servi de modèles pour le musée Grévin. Voici la liste de ces bustes : Victorien Sardou, Ambroise Thomas, Ludovic Halévy, Mounet-Sully, Emile Zola, François Coppée, Édouard Pailleron (plâtres), par M. Léopold Bernstamm, sculpteur russe de beaucoup de talent; V. Sardou (plâtre), par M. Franceschi; Gounod. Mme Carvalho, Mlle Bartet, Mme Worms-Baretta (terre cuite), par M. Franceschi; Mme Samary, Mlle L. Legault (id.), par M. Bernstamm; Régnier (marbre), par M. Franceschi; Jules Claretie, Jean Richepin (bronze), par M. Bernstamm; enfin, un petit buste de Spontini, par un auteur inconnu.

Les parois intérieures de la salle, en quelque sorte tapissées de dessins de tout genre, disparaissent entièrement sous cette accumulation de documents du plus haut intérêt. Sur l'un des côtés sont groupées diverses suites de dessins de costumes : les uns exécutés par MM. Lechevallier-Chevignard et Théophile Thomas et tirés des archives de la Comédie-Française; les autres dus à MM. Lormier, Eugène Lacoste et Charles Bianchini et appartenant à l'Opéra. De M. Lechevallier-Chevignard nous trouvons ainsi quinze modèles pour les costumes de *Garin*, drame de M. Paul Delair; de M. Théophile Thomas, quinze dessins pour *Ruy Blas*, six pour *le Mariage de Figaro*, trois pour *Barberine* et trois pour *le Roi s'amuse*. Puis, ce sont les dessins de M. Lacoste pour *Yedda*, *Henri VIII*, *la Korrigane*, *Aïda*, *Françoise de Rimini*, *Namouna*, *le Tribut de Zamora* et *Tabarin*; de M. Bianchini pour *les Deux Pigeons*, *Patrie* et *la Dame de Monsoreau*; enfin de M. Paul Lormier pour *les Mohicans*, *la Chatte merveilleuse*, *Vert-Vert*, *la Gypsy*, *le Prophète*, *Polyeucte*, *les Martyrs*, *la Tarentule*, *le Lazzarone*, *la Vendetta*, *l'Enfant prodigue*, *la Jolie Fille de Gand*, *la Xacarilla*, *la Reine de Chypre*.

De l'autre côté, auprès de la suite de portraits des dix administrateurs qui se sont succédé à la Comédie-Française depuis 1825 et qui appartiennent à ce théâtre, s'étale la riche, curieuse et précieuse collection de portraits des artistes de la Comédie qui appartient à M. Pasteur, notre grand savant, et que nous avions déjà pu admirer dans la merveilleuse exposition que M. Bodinier avait organisée, l'hiver passé, à son Théâtre d'application. Les portraits des administrateurs sont les suivants : le baron Taylor (François); Buloz (L.-Edouard Fournier); M. Lockroy père (Berne-Bellecour); Edmond Seveste (Tessier); M. Arsène Houssaye (E. Geffroy); Empis (G. Cain); M. Édouard Thierry (P. Morwart); Emile Perrin (Gaston Thys); M. Kaempfen (J. Garnier); M. Jules Claretie (Lionel-Royer).

Pour ce qui est des portraits de la collection Pasteur, qui sont dus au pinceau de MM. Aimé Morot, J. Blanc, Chartran, G. Ferrier, Schommer, Wencker, Bérard et Toudouze, ils sont groupés dans huit cadres, de la façon suivante: 1° Emile Perrin; Allégorie; Tragédie; Comédie; deux autographes adressés par Perrin et par M. Got, doyen de la Comédie-Française, à M. Pasteur, au sujet de cette collection ; — 2° MM. Got, Delaunay, Maubant, Coquelin aîné, Febvre, Worms; — 3° Bressant, Mmes Madeleine Brohan, Favart, Arnould-Plessy, Jouassain, Edile Riquer ; — 4° Régnier, MM. Thiron, Mounet-Sully, Mmes Reichenberg, Croizette, Marie Royer ; — 5° MM. Laroche, Barré, Guilloire (ancien caissier), Mmes Baretta, Sarah Bernhardt, Broisat ; — 6° MM. Coquelin cadet, Bodinier (ancien secrétaire), Monval (archiviste), Mmes Samary, Lloyd, Barlet ; — 7° MM. Prudhon, Silvain, Garraud, Mmes Tholer, Granger, Dudlay ; — 8° MM. Jules Claretie (administrateur général), Le Bargy, de Féraudy, Baillet, Mmes Pierson, Muller.

La série des images humaines est complétée par une superbe figure en cire, grandeur nature, placée juste au milieu de la salle, sous une énorme verrine, et qui n'est autre que le modèle du musée Grévin représentant M. Mounet-Sully dans le rôle d'Hamlet. Il va sans dire que cette figure est d'une ressemblance frappante.

Sous une sorte de chemin couvert qui circule tout autour de la rotonde, on voit se succéder, abritées par une draperie verte qui oblige la lumière à les éclairer seulement par en haut, trente-six maquettes de décorations exécutées pour le nouvel Opéra, de 1875 à 1889, par MM. Lavastre aîné et Despléchin, Cambon, Chéret, Daran, J.-B. Lavastre, Rubé et Chaperon, Carpezat, Jambon et Poisson. Je reviendrai à loisir sur ces petits chefs-d'œuvre, lorsque je m'occuperai spécialement du décor et des décorateurs. Puis, çà et là, quelques affiches d'anciens théâtres, que je ferai connaître aussi plus loin, et divers dessins de décorations, dont quelques-uns extrêmement remarquables. Ces dessins sont de MM. Diéterle (le Prophète, la Tarentule, Eucharis, Stradella), Séchan (la Fronde), Cambon (Eucharis, les Huguenots), Chéret (l'Arlésienne), Duvignaud (Le Roi s'amuse, Ruy Blas, les Pattes de mouches), Nolau (Marion Delorme), Devred (Pepa). L'un des plus curieux est assurément un grand croquis à l'encre, relevé de gouache, exécuté par de Neuville en 1870 pour la chasse infernale du Freischütz; ce décor n'a jamais été fait.

Enfin, sur des supports placés tout autour, à l'extérieur de la rotonde, se trouvent les objets composant l' « exposition des fournisseurs des théâtres subventionnés, » et comprenant des costumes, chaussures, armes et armures, bijoux, cartonnages divers (vases, trophées, armes, coffrets, corbeilles de fruits), fleurs, feuillages, etc. Les maisons qui ont pris part à cette exposition sont les suivantes: Babin (Chalain, successeur), costumier; Granger (Richard Gutperle, successeur), armurier-bijoutier; Gaston Thomas, idem; Hallé, décorateur-cartonnier; Bor, cordonnier; Crais, idem; Martineau, fleuriste.

Maintenant que le terrain est un peu déblayé, et que nous savons de quoi se compose et comment est comprise l'exposition théâtrale officielle (dont le catalogue est d'ailleurs par trop rudimentaire et incomplet), nous marcherons d'un pas plus assuré. Et nous aidant de tout ce qui, dans d'autres parties du Champ de Mars, se rattache à cette exposition d'une façon étroite et directe, nous entreprendrons une revue générale du théâtre à l'Exposition universelle de 1889, en spécialisant les matières pour faire l'ordre dans ce désordre et y apporter la clarté nécessaire. La chose en vaut la peine, et l'on verra facilement quel intérêt elle excite. Nous passerons donc successivement en revue les autographes, les affiches, les estampes et portraits, la décoration, le costume, l'architecture et la machinerie théâtrales, les accessoires scéniques, et enfin divers sujets fantaisistes qui ne sont ni les moins curieux ni les moins instructifs.

II

LES AUTOGRAPHES

Les autographes sont assez nombreux au Champ de Mars; mais, chose assez singulière! on n'en trouve que de musiciens, et aucuns de comédiens ou auteurs dramatiques. La Comédie-Française, pourtant si riche sous ce rapport, n'a pas jugé à propos d'ouvrir ses archives, tandis que l'Opéra, sans faire de folies, a fait cependant passer sous nos yeux un certain nombre de choses intéressantes, particulièrement des fragments de musique de grands compositeurs. Puis, la maison Pleyel a exposé quelques lettres de musiciens, dont je serai à même de donner certains échantillons. Ces lettres ont trouvé place, non dans la rotonde de l'exposition théâtrale, mais dans une salle du rez-de-chaussée du palais des Arts libéraux, où l'on avait étalé, pêle-mêle et sans aucun ordre, une foule d'objets relatifs à la musique et au théâtre. Au milieu de cette salle, une grande vitrine contenait surtout de véritables richesses, dont je vais dresser l'inventaire à peu près complet. Le voici:

Copie de deux rôles, l'un du *Sicilien*, de Molière, l'autre de *Judith*, tragédie de l'abbé Boyer représentée en 1695, faite au dix-septième siècle par Lapierre, souffleur de la Comédie-Française, pour Guérin, second mari de la veuve de Molière; — Manuscrit du souffleur de *la Femme d'intrigues*, comédie de Dancourt représentée en 1692; — Partition autographe de *Don Bruschino, farsa* de Rossini représentée à Venise en 1813 (appartenant à Mme la princesse Poniatowska); — Couplets de *Marco Spada*, autographe d'Auber; — Lettre autographe d'Halévy; — Psaumes de Marcello, impression musicale de Fortinicano Rosati (Venise, 1726); — Partition d'*Atys*, opéra de Lully, représenté en 1676, impression musicale de Ballard (1689); — Fragment autographe de la partition de *Zampa*, d'Herold; — *Il Pomo d'oro*, « festa teatrale di Francesco Sbarra » (poème avec gravures, Venise 1668); — enfin, une collection unique et singulièrement précieuse de poinçons de musique du dix-septième siècle, ayant servi à frapper les matrices des caractères de typographie musicale; ces poinçons, qui appartiennent aujourd'hui à la Société des imprimeries réunies, et dont mon vieil ami Wekerlin a tracé naguère l'historique dans un des comptes rendus de la Société des compositeurs de musique, proviennent de l'ancienne imprimerie musicale des Ballard, si célèbre de père en fils pendant plus d'un siècle et demi.

Voici le texte de la lettre d'Halévy mentionnée ci-dessus; elle me paraît adressée au critique et vaudevilliste Edouard Monnais, qui fut son ami et celui de son frère et qui, à la mort de l'auteur de *la Juive*, publia sur lui une étude intéressante (*F. Halévy*, souvenirs d'un ami, pour joindre à ceux d'un frère) :

Mon cher Edouard,

Je voudrais bien venir vous voir et vous entendre, et je t'assure bien que ce n'est pas le désir qui m'en manque ; mais je me suis mis aux arrêts forcés. Je fais infiniment de notes, plaise au ciel que ce soient de bonnes notes ! Je ne sors que le moins que je peux, et puis en ce moment les répétitions de *Stradella*, qu'on va donner la semaine prochaine, m'occupent beaucoup. Je ne crois pas pouvoir venir dimanche, nous aurons très probablement répétition générale ; j'en suis même contrarié pour toi, car dans *Stradella* nous employons les enfants. Mais je tâcherai de trouver moyen de concilier mon devoir avec l'amitié. Il est avec le ciel des accommodements, ce serait bien le diable s'il n'y en avait pas aussi avec les compositeurs de musique. — Mes sœurs, victimes de mes travaux, regrettent bien sincèrement de n'avoir pas profité davantage de tes bonnes intentions. — Au revoir, mon cher Edouard, embrasse pour moi Mme Edouard, si elle y consent, et dis-lui combien je l'aime. Amitiés à toute la famille.

F. HALÉVY (1).

Dans une autre vitrine de la même salle, on a placé deux lettres autographes de Beethoven et de Haydn, en y joignant leur traduction, et dans une autre encore on a groupé cinq lettres autographes de Boccherini Berlioz, Dussek, Meyerbeer et Hummel, avec un petit billet d'Herold enfant. Je reproduis celui-ci avec ses incorrections, tout ce qui sort d'une pareille plume étant historiquement intéressant ; Herold était alors élève à la pension Hix, fameuse à cette époque, et âgé sans doute de dix à douze ans :

Paris, ce jeudi 4 Germinal.

Mon cher ami,

Je ne suis point fâché contre toi : ne le soit pas contre moi de ce que je ne t'ai pas écrit plutôt. J'espère pouvoir t'écrire plus souvent à la venire. On va fêter les dimanches à la pension.

Présentes mes respects à tes parents.

Dubergier conte t'écrire bientôt.

Je suis ton ami,

F. HEROLD.

Le 4 Germinal.

---

(1) *Stradella*, opéra de Niedermeyer, ayant été représenté le 3 mars 1837, nous fixe sur la date approximative de cette lettre. Halévy travaillait sans doute à la partition de *Guido et Ginevra*, qui parut à l'Opéra le 9 mars 1838.

Voici, d'autre part, la traduction de la lettre de Beethoven, adressée par lui à son éditeur et ami l'excellent compositeur Camille Pleyel, qui a rendu son nom si fameux dans la facture française de pianos :

Vienne, 26 avril 1807.

Mon cher et honoré Pleyel,

Que devenez-vous, vous et votre famille ? J'ai déjà eu souvent le désir d'aller vous voir, mais jusqu'ici cela ne m'a pas été possible ; la guerre en a été la cause en partie. S'il faut que cela continue à être un obstacle, ou si cela doit durer longtemps, on pourra ne jamais voir Paris. Mon cher Camillus, c'était le nom, si je ne me trompe, de ce jeune Romain qui a chassé de Rome les Gaulois barbares. A ce prix, je voudrais bien m'appeler ainsi, pour les chasser de partout où ils ne sont pas à leur place. Que faites-vous de votre talent, cher Camille ? J'espère que vous ne le gardez pas pour vous seul, je pense que vous en faites quelque chose de plu¯ Je vous embrasse tous les deux de cœur, le père et le fils, et j'espère qu'en plus des choses commerciales que vous avez à m'écrire, vous me direz beaucoup de choses sur vous et votre famille.

Adieu, et n'oubliez pas votre véritable ami,

BEETHOVEN (1).

Les autographes de musique étalés dans deux des vitrines de la rotonde présentent un double et considérable intérêt ; d'abord parce qu'ils émanent d'artistes illustres, ensuite parce qu'ils se composent de morceaux ou fragments de morceaux complètement inconnus, c'est-à-dire coupés par les auteurs pour obéir à certaines considérations scéniques, avant même la représentation de leurs ouvrages. Les archives de l'Opéra sont très riches et très curieuses sous ce rapport, car on y a conservé ainsi nombre de pages musicales qui faisaient partie de certains chefs-d'œuvre, qui n'ont jamais été entendues à la scène, ayant dû être sacrifiées à l'effet d'ensemble, et dont la valeur particulière est peut-être très grande néanmoins.

Voici la liste des autographes que nous trouvons ici. Fragment inédit d'*Ali-Baba*, dernier ouvrage dramatique de Cherubini ; ouver-

---

(1) Voici enfin un petit billet énigmatique du fameux pianiste Dussek, écrit en français et que je reproduis à cause de sa singularité :

« Mon cher ami,

» Je vous envoie ci-inclus quinze louis ; c'est tout ce que je possède dans ce moment. Tâchez d'envoyer cela tout de suite, car cette femme est une diablesse incarnée.

» Votre ami,

» DUSSEK. »

ture inédite de Méhul; fragment inédit de *Zerline* ou *la Corbeille d'o-ranges*, d'Auber, dont le rôle principal fut la seule création française de Mme Alboni; deux fragments inédits de *Guillaume Tell*, de Rossini; fragment inédit de *la Juive*, d'Halévy ; deux fragments inédits de *Robert le Diable*, de Meyerbeer; fragment inédit des *Huguenots*, de Meyerbeer; fragment inédit de *la Favorite*, de Donizetti; deux frag-ments de *Cinq-Mars*, opéra inédit de Meyerbeer.

On sait que Meyerbeer écrivait toujours beaucoup plus de musique qu'il n'en fallait pour ses ouvrages, sachant d'avance qu'au cours des études il serait obligé à des sacrifices importants; c'est ainsi que pour *l'Africaine*, par exemple, on put, après la publication de la partition *princeps*, en publier une seconde, uniquement formée des morceaux, au nombre d'une vingtaine, qui n'avaient pu trouver place à la représentation. Pour avoir été moins abondant en ce qui concerne *Robert* et *les Huguenots*, il en fit assez cependant pour se voir dans la nécessité de retrancher certaines pages très importantes, mais dont l'exécution aurait nui à l'équilibre et à l'harmonie géné-rale de ces ouvrages. Pour *Robert*, les fragments supprimés com-prennent : un air de Bertram. un entr'acte, divers épisodes de la scène des Nonnes, un chœur dit du « Tournoi », des chœurs, des airs de danse, etc. Pour *les Huguenots*, il y a davantage encore: au premier acte, une entrée pour Marcel, un air de Valentine, une scène d'orgie avec récitatifs; au second, un grand air de Saint-Bris; au troisième, un monologue, un choral et un air de Valentine; au quatrième, un récitatif de Valentine et de Saint-Bris; enfin, un pas de six qui. pas plus que le reste, n'a jamais été exécuté. C'est parmi ces fragments qu'ont été choisis ceux qui figurent dans les vitrines du Champ de Mars. Mais les plus curieux, sans contredit, sont ceux de l'opéra intitulé *Cinq-Mars*, dont le public, aura vu le nom pour la première fois. Qu'est-ce que ce *Cinq-Mars*? Par qui le livret en a-t-il été écrit? A quelle époque Meyerbeer s'en occupa-t-il? La partition en fut-elle achevée ? A quel théâtre cet ouvrage était-il destiné? Telles sont les questions que je me posais au sujet de cet opéra, dont, pour ma part, je dois dire que jusqu'à ce jour je n'avais jamais entendu parler, et dont j'ignorais jusqu'au titre. Blaze de Bury, l'ami intime et le collaborateur du maître po^ur un autre ouvrage, *la Jeunesse de Gœthe*, qui, quoique fait, celui-là, ter-miné, parachevé, n'a jamais vu la lumière de la rampe, Blaze de Bury semble n'avoir pas eu lui-même connaissance de ce *Cinq-Mars*, car il n'en a jamais, que je sache, soufflé mot dans aucun des articles si nombreux qu'il a consacrés à Meyerbeer, non plus que dans le livre important qu'il a publié sur lui. Il y avait là un petit mystère qui valait la peine d'être éclairci, étant donné qu'il se rattache à l'existence et à la carrière d'un artiste aussi illustre que l'auteur des

Huguenots et du *Prophète*, et dont je désirais avoir la clef. J'ai fini par y réussir. *Cinq-Mars* est un opéra dont, vers 1837, Meyerbeer avait commencé à écrire la musique sur un livret qu'il tenait de Planard. Mais cet ouvrage, entrepris par lui sans enthousiasme, au lieu de l'exciter semblait refroidir son inspiration ; soit que le sujet, quoique éminemment émouvant, soit que la façon dont il était traité ne convînt pas à la nature de son tempérament musical, il n'y trouvait pas les éléments d'un poème dramatique tel qu'il le comprenait, tel qu'il le désirait pour l'Opéra, et finalement il renonça à l'achever, sans doute au grand déplaisir de son collaborateur. A sa mort, les morceaux qu'il en avait composés furent trouvés dans ses papiers, et il y a quelques années un libraire fort important de Berlin, M. Liepmannssohn, les annonçait en vente dans un de ses catalogues. M. Nuitter, quoique informé du fait, quoique toujours à l'affût des choses qui peuvent intéresser les archives de l'Opéra, dont il est le gardien si vigilant et .˙ avisé, ne jugea pas à propos de faire aucune démarche à ce sujet, pensant qu'un tel objet mis en vente à Berlin, patrie de l'illustre compositeur, devait avoir trouvé sur-le-champ dix acquéreurs pour un. Cependant, ayant eu, peu de temps après, l'occasion d'écrire à M. Liepmannssohn pour une autre affaire, il le pria de lui apprendre en quelles mains étaient tombés les manuscrits de *Cinq-Mars*, et il fut fort étonné de se voir répondre qu'ils n'étaient point vendus. Il entra alors en pourparlers pour cet objet avec M. Liepmannssohn, qui se montra disposé à modérer ses prétentions en faveur de l'Opéra, et comme l'administration des Beaux-Arts avait en ce moment quelques fonds en réserve, M. Nuitter fut assez heureux pour acquérir, au prix de quinze cents francs, ces intéressants manuscrits. Telle est, dans ce qu'on en peut connaître aujourd'hui, l'histoire du *Cinq-Mars* inachevé de Meyerbeer.

Et voilà pourtant à quoi servent les autographes : à nous mettre sur la trace d'œuvres importantes et ignorées de certains grands hommes, dont sans eux nous n'aurions pas eu connaissance ! Et quand on pense qu'il y a à peine un demi-siècle que les biographes et les historiens font état d'une source d'informations si précieuse et si précise ! Je n'en ai que plus de regrets, en ce qui me concerne, que la Comédie-Française n'ait pas eu l'idée d'ouvrir ses archives et d'en tirer, pour les exposer au Champ de Mars, ne fût-ce que quelques-unes des lettres si intéressantes qu'elle possède certainement en si grand nombre.

III

LES AFFICHES

Aucun collectionneur de choses théâtrales — et le nombre en est grand ! — n'ignore aujourd'hui que les anciennes affiches de spectacle constituent un objet de la plus grande rareté. Cela se conçoit. En dehors des tableaux et des livres, le goût de la collection est un goût essentiellement moderne, et qui ne s'exerçait guère il y a cent ans. Or, les affiches, qui ne représentaient qu'un chiffon de papier sans autre importance que son caractère historique, auquel alors on n'en attachait aucune, se détruisaient tout naturellement au jour le jour, sans que personne songeât qu'il viendrait un temps où ces chiffons seraient avidement recherchés par les amateurs (témoin la curieuse série, et si diverse, exposée au Champ de Mars sous le titre d' « Histoire de l'affiche »). De fait, les affiches de nos anciens théâtres font prime aujourd'hui, on peut le dire, à ce point qu'il n'y a pas bien longtemps un marchand ne demandait pas moins de 200 francs à un amateur pour une pauvre petite affiche de la Comédie-Française au dix-huitième siècle. Je me hâte de dire que l'amateur se récusa, malgré son envie, estimant qu'à ce prix une collection reviendrait vraiment plus cher que sa valeur. Parfois, quoique rarement, une surprise agréable est réservée par le hasard à un collectionneur. C'est ainsi que l'un d'eux ayant acheté, il y a quelques années, un vieux paravent, et voulant le faire regarnir, eut la chance de rencontrer, sous le papier qui le recouvrait, et servant en quelque sorte de doublure, toute une série d'affiches, absolument intactes. On juge de sa joie ! Mais ce sont là des aubaines sur lesquelles il ne faut pas trop compter. Ce qui prouve que les affiches sont rares, c'est que les archives de l'Opéra ne possèdent elles-mêmes la collection de celles de ce théâtre que depuis les premières années de ce siècle. D'ailleurs, même aujourd'hui, les affiches s'épuisent et disparaissent rapidement, et pour ma part j'en possède une qui est déjà devenue d'une insigne rareté: c'est celle qui, la veille de l'incendie de l'Opéra en 1873, annonçait pour le lendemain la centième représentation d'*Hamlet*.

C'est donc avec une surprise et une curiosité naturelles que les amateurs de théâtre ont pu contempler, dans la rotonde du palais des Arts libéraux, trois affiches de trois théâtres différents, portant toutes trois la date de 1789. La première en date de ces affiches, dont voici la reproduction exacte, nous apporte le souvenir d'un théâtre aujourd'hui disparu, celui des Beaujolais :

Par permission du Roi et de Mgr le Lieutenant-Général de Police.

LES PETITS COMÉDIENS
de Mgr le COMTE DE BEAUJOLOIS
donneront aujourd'hui Lundi 4 Mars 1789,

LA PRÊTRESSE
DU SOLEIL

Opéra en trois actes et à spectacle, musique de
M. Cambini, précédé du

MARIAGE ENFANTIN

Comédie en un acte, en prose.

En attendant la première des **Déguisemens amoureux,**
Opéra-bouffon en deux actes, musique de **M. Champein.**

Ce gentil petit théâtre des Beaujolais datait seulement de quelques années. Fondé par un nommé Gardeur-Lebrun, il avait été inauguré le 23 octobre 1784, dans une salle construite expressément pour lui par l'architecte Louis, auteur de l'admirable Grand-Théâtre de Bordeaux, et qui est précisément celle qu'occupe aujourd'hui, depuis 1831, le théâtre du Palais-Royal. Il ne servait d'abord qu'à des marionnettes, mais bientôt celles-ci avaient été remplacées par des enfants. Seulement, en vertu des restrictions sottes auxquelles étaient soumis alors la plupart des théâtres, ces enfants ne pouvaient que jouer la comédie sans parler, c'est-à-dire qu'ils mimaient l'action et faisaient les gestes, tandis que dans la coulisse de véritables acteurs parlaient et chantaient pour eux. Ce fut précisément là la cause de leur très grand succès : l'accord était si étonnant entre les petits acteurs pantomimes et leurs camarades parlants et chantants, l'ensemble était si parfait, que l'illusion était complète et que les spectateurs en restaient ébahis.

C'est pour amuser, dit-on, l'enfance du petit comte de Beaujolais, le plus jeune des frères de Louis-Philippe, que son père, le duc d'Orléans, fit construire à ses frais la salle de ce théâtre, et c'est pour cette raison qu'on lui donna officiellement le nom de « Théâtre des petits comédiens de S. A. S. Mgr le comte de Beaujolais, » et familièrement celui de théâtre des Beaujolais. On y jouait la comédie, le vaudeville, et surtout l'opéra-comique ; il avait un petit orchestre excellent, et non seulement il était le refuge de bien des compositeurs qui sans lui n'eussent pu aborder la scène, tels que Leblanc, Bonnay, Raymond, Froment, Bonesi, mais certains musiciens déjà connus et estimés ne dédaignaient pas de travailler pour lui. Parmi ceux-ci il suffira de signaler les noms de Champein, Piccinni fils, le chevalier de Saint-Georges, Chapelle, Deshayes, Bambini, Désaugiers père, Rigel, et surtout celui de notre grand Philidor, le digne rival de Monsigny et de Grétry, qui fit jouer deux ouvrages aux Beaujolais. Parmi les acteurs de cet aimable théâtre, on peut rappeler le souvenir de Michot et de Damas, dont la renommée fut si grande plus tard à la Comédie-Française, et celui de Talon, qui fit pendant longtemps les beaux jours de l'Ambig. Comique. A la Révolution, les Beaujolais furent victimes des exploits de cette intrigante fieffée qui avait nom la Montansier, et qui les déposséda de leur salle pour y établir son théâtre. Ils se transportèrent alors, en 1790, sur le boulevard du Temple ; mais ce déplacement leur fut fatal, et au bout de peu de temps ils cessèrent d'exister. Il n'en reste pas moins que le gentil théâtre des Beaujolais fut l'un des plus charmants que Paris ait jamais possédés.

Du plus petit, passons au plus grand. Voici maintenant une affiche de l'Opéra :

L'ACADÉMIE ROYALE

DE MUSIQUE

donnera aujourd'hui dimanche 22 Mars 1789,

la troisième représentation

D'ASPASIE

opéra en trois actes,

Paroles de M. ***, Musique de M. GRÉTRY.

S'adresser, pour louer des loges, à M. DE NESLE, au Magasin
de l'Opéra, rue Saint-Nicaise.

L'ouvrage annoncé ici, qui avait été donné pour la première fois
le mardi précédent, 17 septembre, est l'un des plus faibles qui soient
sortis de la plume de Grétry; quelques airs de ballet seulement en
surnagèrent, que le compositeur replaça plus tard dans d'autres
opéras. L'auteur du poème, que ne nomme pas l'affiche, était un certain Morel de Chédeville, écrivain justement obscur, qui n'en fit
jamais que de détestables (y compris ceux de *la Caravane du Caire*
et de *Panurge dans l'île des Lanternes*, qu'il avait déjà fournis à Grétry),
ce qui ne l'empêcha pas de devenir un jour directeur de l'Opéra (1);
les chanteurs étaient Laîné, Lays, Chéron, Mlles Maillard et Gavaudan; les danses avaient été réglées par Gardel, qui y prenait part,
ainsi que la célèbre Mlle Guimard. *Aspasie* n'obtint jamais que quatorze représentations, dont l'une devait être donnée le 12 juillet 1789,
c'est-à-dire l'avant-veille de la prise de la Bastille, ce qui motiva
cette observation consignée par Francœur, régisseur de l'Opéra, sur
le curieux registre qu'il tenait jour par jour et qui est conservé aux
archives de ce théâtre : — « Le dimanche 12 juillet 1789, on devait
donner *Aspasie*, mais M. Necker ayant été supprimé *(sic)*, le public,
pénétré de sa retraite, vint sur les quatre heures faire fermer la porte
de l'Opéra et de tous les autres spectacles, lesquels furent fermés
jusqu'au mardi. »

En regard de l'affiche de l'Opéra, dont la sobriété peut être quali-
fiée d'excessive, qui ne donnait aucuns détails sur l'œuvre annoncée,
ne faisait connaître ni le nom de l'auteur ni ceux des acteurs, il
est curieux de placer celle du fameux théâtre de Nicolet, qui prenait
alors le titre de « Grands Danseurs du Roi, » pour adopter plus tard
celui de théâtre de la Gaîté. Nicolet était depuis longtemps célèbre,
et toutes les classes de la population s'y réunissaient chaque jour,
les unes par *chic* et pour s'y montrer, les autres par amour sincère
du spectacle et dans le but d'y prendre un plaisir véritable. Cette
popularité eut pu lui inspirer quelque sobriété dans ses annonces.
Le contraste est frappant pourtant entre l'espèce de dédain affecté
par l'affiche de l'Opéra pour tout renseignement à offrir au public, et
l'excessive loquacité de celle de Nicolet, qui, comme on va le voir,
ne ménageait pas, pour allécher et attirer les spectateurs, les détails
de toute sorte et ce qu'on pourrait appeler les boniments. Celle-ci
est en son genre un véritable chef-d'œuvre :

---

(1) Ce livret d'*Aspasie*, dans lequel l'auteur, en leur prêtant le langage
le plus étonnant, avait mis en scène tout à la fois Alcibiade, Aristophane,
Anacréon, Zénon et Anaxagore, était un monument de sottise et d'ineptie,
et mettait le comble au ridicule possible. Il fut bien près, dès le premier
soir, de faire sombrer l'ouvrage sous les quolibets du public, auquel la
musique de Grétry ne le recommandait que médiocrement.

PAR PRIVILÈGE DU ROI

Avec permission de Monseigneur le Lieutenant-Général de Police,

LES GRANDS DANSEURS DU ROI

DONNERONT aujourd'hui mercredi 11 mars 1789

La dix-neuvième représentation

du PÈRE DUCHÊNE,

Comédie nouvelle en deux actes; précédée

D'ARLEQUIN MÉDECIN,

Pantomime à machines, en trois actes, avec le ballet DES CERCEAUX;

L'AMOUR EST DE TOUT AGE,
ET LE PÉDANT AMOUREUX, comédie;
LE VOLEUR CONVERTI, fait historique en un acte; terminé par
POLICHINEL PROTÉGÉ PAR LA FORTUNE,

Pantomime en trois actes, avec dialogue et deux divertissemens.

Les entractes seront remplis par les Sauteurs, le fameux Voltigeur, les Forces d'Hercule par les Enfans.

On commencera par la Danse de Corde de la Vénitienne, du Petit Diable, et du Petit Hollandais.

En attendant l'Enlèvement du Ballon ou Chacun son métier, pantomime comique.

Pour la location des loges, s'adresser à la Salle de Spectacle, au Sieur VINCENT.

Permis d'imprimer et afficher, ce 18 Octobre 1788. DE CROSNE.

Jusqu'ici, nous n'avons point rencontré d'affiches de la Comédie-Française. Nous allons en trouver cependant, et de bien curieuses; non point d'elle positivement, il est vrai, mais des braves gens, des artistes obscurs qui ont été ses précurseurs et dont elle descend en ligne directe, bien que ceux-là soient tellement oubliés aujourd'hui qu'on ignore jusqu'à leurs noms. Mais pour faire connaissance avec ces documents d'un intérêt si vif, que leur grand âge et leur rareté rendent inestimables, il nous faut quitter pour un moment l'exposition théâtrale et monter précisément au-dessus, au premier étage du palais, où nous aurons affaire plus d'une fois, et où se groupait ce qu'on a appelé l' « histoire de l'affiche. » C'est là que, pour ma part, j'ai dépisté les deux affiches suivantes, auxquelles il ne me semble pas que personne ait fait attention. La première, qui appartient à la Bibliothèque de l'Arsenal, est tellement précieuse que cet établissement, par prudence sans doute, n'a pas jugé à propos de s'en dessaisir, et qu'il en a seulement exposé une réduction photographique, en l'accompagnant de cette mention : « Fac-similé de la plus ancienne affiche de théâtre connue. » Je la reproduis avec une scrupuleuse exactitude :

LES

COMMEDIENS DE LA

TROUPE CHOISIE

Ceste piesse n'a point de semblables, quoy que LIG-DAMON ET LYDIAS se ressemble. Monsieur de SCUDERY a si diuinement traicté ce subject qu'il s'est aussi rendu inimitable. Nos Acteurs toutesfois vous promettent de le surpasser luy mesmes si vous les honnorez de votre assistance ce   Croyez que le demy Teston que vous donneres à la porte ne sçauroit payer vne des Scènes de ce Diuin Poëme. GILET SAVETIER ce promet de vous donner de ris pour plus de deux caresmes, ou AMBOBUS et la grand MICHELLE l'assisteront.

Ligdamon et Lidias ou *la Ressemblance*, qui est annoncée sur cette affiche, était une tragi-comédie en cinq actes et en vers que Théophile de Scudéry avait tirée du fameux roman d'Honoré d'Urfé, si célèbre au dix-septième siècle, *l'Astrée*, et qui fut jouée à l'Hôtel de Bourgogne en 1629. Beauchamp, dans ses *Recherches sur 's théâtres de France*, nous apprend que l'Hôtel de Bourgogne, qui avait été établi par les confrères de la Passion, était alors occupé par la « Troupe d'élite, » ce qui se rapproche beaucoup de la « Troupe choisie, » nom que se donnent eux-mêmes ces comédiens sur l'affiche qu'on vient de lire. Scudéry publia sa pièce (c'était son début à la scène) en 1631, et dans la préface dont il la fit précéder, en demandant grâce pour ce coup d'essai, il se donnait pour « un homme au poil et à la plume. » Il ajoutait : « J'ai passé plus d'années parmi les armes que d'heures dans mon cabinet, et beaucoup plus usé de mèches en arquebuse qu'en chandelle, de sorte que je sçai mieux ranger les soldats que les paroles, et mieux quarrer les bataillons que les périodes. » Cette modestie après coup ne

2

paraît pas laisser croire au très grand succès de l'œuvre du soldat-
poète ; mais nous n'avons sur ce point aucun renseignement, même
aucun indice. Quoi qu'il en soit, l'affiche en question, qui semble
bien indiquer la nouveauté de *Ligdamon et Lidias*, est donc par conséquent et bien certainement de 1629, au plus tard de 1630, et la
Bibliothèque de l'Arsenal ne se trompe pas sans doute en avançant
que cette affiche est la plus ancienne qu'on connaisse en ce qui
touche le théâtre. On voit qu'elle ne compte pas moins de deux
cent soixante ans, ce qui est un bel âge, et très respectable, surtout pour un simple morceau de papier imprimé.

En voici une autre, qui, pour être un peu plus jeune, reste encore
vénérable :

LA SEVLLE TROVPPE
ROYALE ENTRETENVE DE SA MAIESTE

VOVS aurez demain Mardy xvij iour de Decembre, le Feint ALCI-
BIADE, de Monfieur QVINAVLT ; C'eft tout ce que nous vous di-
rons fur ce fujet puis que vous fçauez la vérité de cet Ouurage.

A Vendredy prochain fans aucune remife, la TOLEDANE, ou CE l'EST
CE NE l'EST PAS

En attendant le Grand CYRVS, de Monfieur QVINAVLT

Deffences aux Soldats d'y entrer fur peine de la vie.

C'eft à l'Hoftel de Bourgogne, à deux heures précises.

Le Feint Alcibiade, tragi-comédie de Quinault, fut représenté en
1656, et *le Grand Cyrus*, tragédie du même, qu'on voit annoncée ici,
parut à la scène trois ans plus tard, en 1659. Cette dernière était
tirée du roman de Mlle de Scudéry qui portait le même titre, et l'on
sait que Boileau, dans le « dialogue à la manière de Lucien » qu'il
intitule *les Héros de roman*, ne se gêne pas pour accabler de ses sarcas-
mes et de ses railleries tout à la fois Mlle de Scudéry, ses deux ro-
mans de *Clélie* et du *Grand Cyrus* et la tragédie de Quinault, lequel ne
trouva jamais grâce devant lui. Les comédiens de l'Hôtel de Bourgogne, auxquels ce dernier confiait ses ouvrages, prenaient cette
fois, on l'a vu, la qualification de « troupe royale, » et en effet ils
avaient reçu ce titre de Louis XIV, qui y avait joint une pension, —

nous dirions aujourd'hui une subvention. Tout porte à croire que cette seconde affiche date de 1659, puisque c'est, nous l'avons dit, l'année de l'apparition du *Grand Cyrus* (1).

Cette affiche, et celle reproduite plus haut, nous donnent des renseignements précis sur certaines coutumes théâtrales de ces temps éloignés. La première nous apprend que le prix des places à l'Hôtel de Bourgogne était alors d'un demi-teston, et il semble que ce prix ait été uniforme, puisqu'aucun autre n'est mentionné. Et nous voyons, par la seconde, que le spectacle commençait à deux heures précises, et que l'entrée du théâtre était interdite aux soldats de la façon la plus absolue, puisqu'il y allait pour eux de la vie. Par de tels documents ces points sont fixés d'une façon certaine.

Si nous redescendons maintenant au rez-de-chaussée du palais, pour nous retrouver non point à l'exposition théâtrale proprement dite, mais dans la petite salle voisine où nous avons pu prendre connaissance de quelques autographes, nous rencontrerons encore une affiche, celle-ci plus jeune que les précédentes, et provenant cette fois directement de la Comédie-Française. Les comédiens ici se dispensent de donner, à l'instar de leurs devanciers, leur opinion favorable sur les ouvrages représentés par eux; ils se bornent à les annoncer. La rédaction de l'affiche est familière d'ailleurs, car on y peut remarquer certaines abréviations typographiques, qui ne seraient plus de mise aujourd'hui :

LES COMÉDIENS
ORDINAIRES DU ROI
donneront aujourd'hui dimanche 31 janvier 1779,
L'AVARE, comédie en 5 actes de *Molière*, suivie de la
MÉTAMORPHOSE AMOUREUSE,
Comédie en un acte, avec un divertissem. On prendra six liv. etc.
Demain, la dix-neuvième représentation
D'ŒDIPE CHEZ ADMÉTE,
tragédie nouvelle, suivie DE l'AMANT BOURRU.
En att. LES MUSES RIVALES, pièce nouv. en un acte, en vers.

---

(1) Tous les biographes donnent pour titre à cet ouvrage *la Mort de Cyrus*, et c'est sous ce titre en effet qu'il a été imprimé dans les œuvres de Quinault. On voit pourtant qu'il fut affiché et qu'il dut être joué d'abord sous celui : *le Grand Cyrus*.

Cette affiche est de 1779. On n'a pu, m'a-t-on dit, malgré toutes les recherches, en découvrir une de la Comédie-Française qui portât la date de 1789. Dans cette même salle s'en trouve encore une autre du théâtre des Beaujolais, annonçant, au 23 mai 1785, la neuvième représentation d'une pièce burlesque portant ce titre affriolant : *Grippe-Ciboule et Brûle-Boyaux*. Mais il en est d'un autre genre, celles-ci essentiellement modernes, que je m'en voudrais de passer sous silence. Je veux parler des affiches illustrées, et en couleur, qui bariolent et égaient d'une façon parfois si charmante les murs de notre bonne ville de Paris, et qui sont souvent l'œuvre d'artistes de premier ordre, tels que l'excellent peintre Jules Chéret, qui s'est fait en ce genre spécial une légitime renommée et dont les produits sont si ardemment recherchés par certains amateurs avisés (1). L'exposition de l'« histoire de l'affiche » en offrait au public quelques spécimens tout particulièrement intéressants, et qu'il serait injuste de ne pas rappeler. Celle de *l'Assommoir*, de M. Léon Sault, est un peu vulgaire, mais curieuse, surtout parce qu'elle présente les portraits des principaux acteurs de la pièce ; celle du *Cid*, de M. Clairin, est un vrai bijou ; celle d'*Hamlet*, qui porte le nom du regretté Alphonse de Neuville, est superbe ; celle de *Don César de Bazan*, la dernière qu'ait signée Célestin Nanteuil, est un pur chef-d'œuvre, que j'ai reproduit moi-même dans mon *Dictionnaire du théâtre* ; à signaler encore celles de *Théodora*, de M. Auguste Gorguet, et du *Droit du Seigneur*, de M. Chéret.

En dehors de celles des affiches de ce genre qui sont destinées à attirer l'attention du public sur telle ou telle pièce en vogue, il y a celles qui ont pour but de lui signaler tel théâtre ou tel établissement de plaisir : cirque, café-concert, bal public, etc. Ici encore, nous trouvons quelques heureux échantillons. Ce sont d'abord les affiches du Cirque Fernando et de l'Alcazar d'Hiver, de M. Léon Choubrac ; celle du Prado, qui porte le nom de Gauché ; puis celles du Concert des Ambassadeurs et du Spectacle-promenade de l'Horloge,

---

(1) Plusieurs collectionneurs se sont particulièrement attachés aux affiches illustrées, dont il se sont fait des collections superbes. Je signalerai tout particulièrement celles de M. Maindron, qui en a fait l'objet d'un livre curieux et intéressant : *les Affiches illustrées*, et à qui l'« histoire de l'affiche » du Champ de Mars doit une grande partie de son intérêt ; de mon excellent confrère John Grand-Carteret, l'auteur de *la Caricature en France* et de *la Caricature en Allemagne* ; de M. Dessoliers, l'un des collaborateurs de la librairie Firmin-Didot ; de M. Lépine, l'architecte bien connu ; de M. Jules Adeline, de Rouen, qui a publié dans le *Journal des Arts* une très curieuse série d'articles sur les affiches illustrées étrangères ; de M. Gustave Bourcard, de Nantes, qui, au mois de novembre dernier, a fait en cette ville une exposition très remarquée de sa collection ; etc.

qui sont anonymes ; enfin les suivantes, qui n'auraient pas besoin de la signature Chéret, tant elles portent la marque de cet artiste si étonnamment fantaisiste, si original et si distingué : Athénée-Comique, Folies-Bergère, Hippodrome, Tivoli-Wauxhall, Valentino et Tertullia. Cette dernière se fait surtout remarquer par la manière ingénieuse dont le dessinateur y a introduit le portrait de Paul Legrand, le célèbre Pierrot, dont la physionomie si spirituelle est d'une ressemblance frappante (1).

Mais j'ai hâte maintenant, à propos d'affiches, de retourner à la rotonde, où nous appellent celles du fameux théâtre Séraphin, disparu depuis vingt ans, après avoir pendant près d'un siècle diverti tant de générations d'enfants. Grâce à un amateur intelligent, qui a eu la bonne idée de recueillir les épaves de ce théâtricule justement célèbre, nous allons pouvoir nouer ample connaissance avec lui et rappeler son souvenir avec plus de précision qu'on ne l'a fait jusqu'ici.

---

(1) M. Chéret, qui a renouvelé, et l'on pourrait presque dire inventé, tant il y a mis de talent, d'initiative et de personnalité, cet art si original et si charmant de l'affiche illustrée, a organisé au mois de décembre dernier, dans les galeries du gentil petit Théâtre d'application de la rue Saint-Lazare, dirigé par M. Bodinier, une exposition de ses œuvres en ce genre. Il y avait là près de deux cents affiches, les unes dans leur état naturel, les autres en réductions charmantes, avec les dessins originaux de quelques-unes des plus remarquables. L'essai était nouveau, et l'on peut dire qu'il a réussi au delà même de toute attente. C'était un vrai régal pour l'esprit et pour les yeux que cette réunion exquise de grandes images coloriées, et l'impression qui en résultait était d'un caractère encore inconnu.

IV

LES OMBRES CHINOISES DE SÉRAPHIN

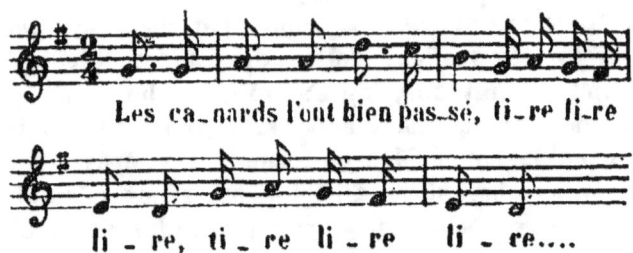

Bien que depuis environ vingt années le petit spectacle de Séra-phin ait passé de vie à trépas sans laisser de traces de sa longue et paisible existence, on connaît encore, au moins par tradition, ce refrain devenu classique d'une de ses pièces les plus populaires, *le Pont cassé*, qui a réjoui pendant trois quarts de siècle tant de géné-rations enfantines et rendu fameux le nom du fondateur du théâtre des Ombres Chinoises. *Le Pont cassé* était en quelque sorte la clé de voûte de cet édifice mignon, le chef-d'œuvre de son répertoire; c'était, pour Séraphin, ce qu'est *Guillaume Tell* pour l'Opéra, *Tartufe* pour la Comédie-Française ou *la Dame blanche* pour l'Opéra-Comique. On ne comprendrait pas plus Séraphin sans *le Pont cassé* que Guignol sans le Commissaire ou Polichinelle sans sa double bosse.

Un curieux de choses théâtrales, M. Arthur Maury, a eu la chance de pouvoir recueillir les épaves de ce théâtricule, dont la vogue fut si prolongée, et l'heureuse idée de les exposer au Champ de Mars, où on leur avait réservé, dans la rotonde, toute une vitrine spéciale, qui n'était pas l'une des moindres curiosités, et des moins courues, de toutes celles offertes en ce trop petit réduit aux regards du pu-blic. Elle était bien garnie, cette vitrine, et de toutes sortes d'objets les plus divers : marionnettes et silhouettes d'ombres chinoises, por-traits et manuscrits, affiches et programmes, billets d'entrée, figu-rines et accessoires de tout genre, etc., etc. C'était toute une par-tie du matériel de ce spectacle enfantin, si original, qui s'imposait à l'œil du curieux ou du flâneur, et où l'on découvrait aussitôt cette affiche, — car, comme ses grands confrères aux acteurs de chair et d'os, Séraphin avait à sa porte son affiche, par laquelle il faisait connaître ses petits bonshommes articulés. La voici, dans son inté-gralité :

Par permission du Roi et de Monseigneur le Lieutenant-général de Police

Au Palais-Royal, N° 127

Ombres Chinoises
Et Feux Arabesques
d'un nouveau genre.

Spectacle que LEURS MAJESTÉS et TOUTE LA FAMILLE ROYALE
ont honoré différentes fois de leur présence et à leur satisfaction.
Le sieur Séraphin .˙. Breveté du Roi, aura l'honneur de vous
donner tous les jours une Représentation, à six heures du soir,
Les DIMANCHES ET FESTES, il y aura deux représentations, l'une à 5 heures et l'autre à 6 et demie.
Le Spectacle sera augmenté de plusieurs Scènes nouvelles, entr'autres

LE TABLEAU DU PALAIS-ROYAL, précédé des CHAISES
PARLANTES, et de plusieurs métamorphoses, etc.

Le Spectacle variera tous les jours.

On prendra 24 sols aux premières places et 12 sols aux secondes.

Ce divertissement est fort honnête, et MM. les Ecclésiastiques peuvent se le procurer.

Comme tous les théâtres, celui de Séraphin a son histoire ; mais si celle-ci ne se perd pas dans la nuit des temps, elle est moins connue cependant que celle de tel d'entre eux dont l'existence, pour avoir été plus brillante et plus bruyante, a été aussi moins longue et moins constamment fortunée. C'est à Versailles, à deux pas de la Cour, qui se tenait alors en cette ville, qu'il prit naissance il y a déjà plus d'un siècle. Son fondateur, qui portait le nom de François et les prénoms de Dominique-Séraphin, se fit connaître sous celui de Séraphin. Lorrain d'origine, il était né à Longwy le 15 février 1747, et avait déjà couru le monde et les aventures, avait fait un voyage en Italie, lorsqu'il débarqua un beau matin à Versailles, en 1772, sans trop savoir ce qu'il y allait faire. Ingénieux, spirituel et bossu, il devait pourtant se tirer d'affaire. Mais par quel concours singulier de circonstances eut-il l'idée de fonder à Versailles un théâtre d'ombres chinoises, divertissement encore peu connu en France à cette époque et qu'il devait porter à un véritable état de perfection ? — c'est ce que je ne saurais dire. Toujours est-il qu'il obtint l'autorisation d'ouvrir un spectacle de ce genre, et qu'il l'établit bientôt dans le jardin de l'hôtel Lannion, lequel était situé rue de Satory, sur l'emplacement du n° 25 actuel. Séraphin, qui, comme nous le verrons, avait le génie de la réclame et de la publicité en un temps où celles-ci étaient encore dans leur enfance, eut recours au mode poétique pour faire connaître au public son établissement, et l'affiche par laquelle il l'annonçait se composait de huit vers, qui formaient le couplet que voici :

> Venez, garçon, venez, fillette,
> Voir Momus à la silhouette.
> Oui, chez Séraphin venez voir
> La belle humeur en habit noir.
> Tandis que ma salle est bien sombre,
> Et que mon acteur n'est que l'ombre,
> Puisse, Mess'ieurs, votre gaîté
> Devenir la réalité.

Du premier coup, Séraphin rencontra la vogue ; à ce point que la reine Marie-Antoinette l'appela à la cour à diverses reprises, pour divertir ses enfants et ses invités, et que sa petite troupe mécanique sut plaire tellement à Louis XVI que ce prince lui permit, le 22 avril 1781, de donner à son théâtre le titre de « Spectacle des Enfants de France. » Mais cela ne suffisait pas à Séraphin, dont l'ambition, paraît-il, était démesurée. Il rêvait de transporter ses bonshommes à Paris ; et sans même prendre leur avis sur ce déplacement, n'en faisant qu'à sa tête, il mit son projet à exécution et vint s'installer dans les bâtiments nouvellement construits au Palais-Royal, au premier étage du n° 127 (119, 120 et 121 actuels), où il fit son inauguration le 8 septembre 1784. Le succès l'y suivit, et Séraphin, qui jouait de bonheur, ne prévoyait pas sans doute que ses Ombres chinoises se maintiendraient en cet endroit, sans sortir des mains des siens et de ses descendants, pendant *soixante-quatorze* ans ! Quoi qu'il en soit, voici comment, moins de deux années après son installation, un chroniqueur parlait de son théâtre et de ses... acteurs :

Ombres Chinoises. Ce petit spectacle n'est pas le moins agréable du Palais-Royal. Il est le premier qui s'y soit établi. Il y fit son ouverture le 8 septembre 1784. La salle contient environ 150 personnes. Il y a un parquet et un amphithéâtre. Le spectacle, qui dure une heure et demie, est rempli par dix tableaux, ouvrages délicats, qui produisent une illusion charmante, formant chacun une scène où les personnages ont les attitudes et les mouvemens les plus naturels. Ils exécutent des danses de caractère avec une très grande précision : il y en a qui dansent et voltigent sur la corde. Un magicien s'y présente sous différentes formes, et l'on y voit un grand nombre d'animaux avec tous les mouvemens propres à l'espèce de chacun. La collection du sieur Séraphin est assez considérable, et il travaille tous les jours à l'augmenter. Ces ombres jouent, par le moyen de voix empruntées, de petites pièces mêlées de chansons et de vaudevilles. Voici quelques pièces qui font partie du répertoire : *le Vieillard amoureux, le Père de famille, l'Art magique, la Chute du Jardinier, le Malade imaginaire, le Précepteur, le Ramoneur, la Dispute de l'Auvergnat, la Ménagère au village* ou *la Poule plumée, les Musiciens mal accueillis, l'Embarras du ménage, Cateau magnétiseuse, le Billet de loterie, Chacun a son goût, le Pont cassé, la Chasse au vol, le Tableau du Palais-Royal,* où un jeune provincial qui voit ce monument chante :

AIR : *Du haut en bas.*

Oui, si Paris
Est une ville sans rivale,
Oui, si Paris
Prime dans l'empire des lis,
Ce beau Palais que rien n'égale
Peut se nommer la capitale
De tout Paris.

Le spectacle est toujours précédé de Feux Arabesques, qui représentent les plus grands hommes de toutes les nations, des marines, des tempêtes, des vaisseaux faisant naufrage, des cascades, des palais, les forges de Vulcain, le Temple de la gloire, etc. (1).

J'ai dit que Séraphin se connaissait en matière de réclame. En voici la preuve. Ceci est un petit boniment, un prospectus imprimé qu'il faisait distribuer à la porte de son spectacle par l'« aboyeur » chargé d'annoncer les représentations ; c'est en son genre un vrai petit chef-d'œuvre :

Un moment ! arrêtez-vous, lisez-moi.

SÉRAPHIN

AUX LECTEURS.

Des changements, des décorations fraîches, d'un joli goût, embellissent mes *Ombres Chinoises* ; le répertoire de ce spectacle est enrichi de pièces nouvelles, très divertissantes.

J'ai des Marionnettes, mais des *Marionnettes* qu'on prendroit aisément pour de charmants petits enfants, tant pour l'élégance et la richesse de leurs costumes que pour la grâce et le naturelle *(sic)* de leur jeu ; elles font l'admiration des connoisseurs ; il faut les voir, ainsi que la scène comique de *Gobe-Mouche.*

Venez vous récréer de la vue de mes nouveaux *Feux Arabesques* ; vous serez étonné de leur éclat, de leur variation (variété ?) et du bon goût de leur dessin.

LE LECTEUR. — Mais où est donc la salle de vos *Ombres Chinoises*, Séraphin ? Toutes les Ombres de Paris se disent *Ombres de Séraphin*, qu'on nous disoit depuis longtems voyageant chez les Ombres ?

_____

(1) *Almanach du Palais-Royal* pour 1786. — Un autre chroniqueur faisait connaître de cette façon fantaisiste le prix et la nature des différentes places : « Les places sont de 24 sous, 12 sous et 6 sous. Les places de 24 sous sont des fauteuils à bras ; celles à 12 sous sont des chaises à dos, sans bras ; et celles à 6 sous sont des tabourets sans bras ni dos. »

Je n'ai, MM., pas encore été tenté de faire ce voyage. Je suis toujours le seul Séraphin. Pour me voir, n'allez ni à Tivoli ni à Idalie; n'allez ni aux Capucins ni aux boulevards, encore moins à la Veillée; mais venez au Palais-Égalité (1), galerie de pierre, Nº 127, du côté de la rue des Bons-Enfants, où je suis fixé invariablement depuis dix-sept ans. Voulez-vous vous délasser un moment? Venez à mes *Ombres Chinoises*; toujours jaloux de mériter vos approbations, chaque jour nous varions, nous changeons de pièces et de décorations; nous donnons tous les jours, à sept heures, une représentation; les jours de décades nous en donnons deux, la première à cinq, et la deuxième à sept heures.

De l'Imprimerie Expéditive, Grande rue Taranne, Nº 35.

N'avais-je pas raison, et Séraphin, homme de génie en avance sur son temps, n'avait-il pas celui de la réclame, dont nos administrations théâtrales savent si bien aujourd'hui user et abuser? Ce petit colloque, débonnaire et familier, entre Séraphin et son lecteur, est une vraie trouvaille, et nos directeurs actuels doivent reconnaître en lui un précurseur et un maître.

Il nous apprend toutefois, dans le petit document ci-dessus, qu'il était, en tant que chef d'entreprise, en butte à de nombreuses rivalités, et à des rivalités déshonnêtes, puisque ses concurrents ne craignaient pas, pour entamer son succès et sa clientèle, pour les détourner à leur profit, de se faire impudemment passer pour lui en prenant son enseigne. Mais la renommée de Séraphin était déjà faite, il était, comme il le disait glorieusement lui-même, « le seul, » l'unique Séraphin, et il sut bien le faire voir en enterrant successivement tous ses rivaux.

On a pu lire plus haut les titres de quelques-unes des pièces de son répertoire, lequel était très étendu et très varié. J'y ajouterai les suivantes, parmi celles qui obtinrent le plus de succès : *les Embarras de Paris, le Lendemain des noces de la place Maubert, les Bossus et les Lutins, Gaudiche et l'Empeigne, Polichinelle et la Sorcière, la Mort tragique de Mardi-Gras* (en vers, s'il vous plaît!), *Madelon Friquet et Colin-Tampon, la Belle aux cheveux d'or, le Magicien Rothomago, l'Enchanteur Parafaragaramus,* etc. Séraphin payait généralement — et généreusement — ces pièces à raison de *douze* francs l'une, et, dans un temps où les droits d'auteur n'étaient pas réglés comme ils le sont aujourd'hui, il trouvait, pour l'en fournir, nombre d'écrivains qui parfois se faisaient applaudir sur des scènes plus relevées, à l'aide d'acteurs qui n'étaient point de bois : Dorvigny, naguère illustré par Monselet, Guillemain, Landrin, Maillé de Marancour, Jacquelin, Gabiot de Salins, qu'on voyait tantôt aux Variétés-Amusantes, tantôt chez Nicolet, tantôt au Vaudeville, voire même à la Comédie-Ita-

---

(1) C'est le nom que portait le Palais-Royal pendant la Révolution.

lienne... Guillemain est sans contredit celui qui obtint chez lui les plus grands succès, et les plus prolongés, puisque ses deux petits chefs-d'œuvre enfantins, *la Chasse aux canards* et *le Pont cassé*, se sont joués pendant plus de soixante ans et ont excité les rires de milliers et de milliers d'enfants.

Justement, M. Maury a exhibé, au Champ de Mars, tout le matériel du fameux *Pont cassé*. Silhouettes de personnages, de décors, d'accessoires, rien n'y manque. On y voit le gamin gouailleur qui est le héros de la pièce, et l'ouvrier armé de sa pioche qui détruit le pont, et les ruines de celui-ci, et les canards qui « l'ont bien passé, » et le voyageur qui ne peut plus le franchir... La vue de tout ce petit matériel nous reporte bien loin et nous ramène, comme en un rêve, aux joies sincères et folles de nos jeunes années ! A côté de ces débris jadis glorieux, dans la même vitrine, on voit d'autres silhouettes destinées à la représentation d'autres « ouvrages : » un âne, un bateau, un diable, un procureur, un ramoneur, et des sauvages, la tête chargée de plumes ; puis quatre belles marionnettes, bien articulées, d'environ un demi-mètre de haut, dont les costumes fanés nous représentent un arlequin, deux démons et un prince indien ; puis, les manuscrits authentiques (je n'ose dire autographes) de deux pièces de Guillemain : *l'Entrepreneur de spectacles* et *la Mort tragique de Mardi-Gras* ; puis un billet d'entrée pour deux personnes au « Théâtre de Séraphin, » — car Séraphin donnait aussi des billets de faveur ; et enfin un petit portrait de Séraphin lui-même, fort gentil, ma foi ! qui nous le montre avec son grand habit Louis XVI et sa perruque à marteaux. Tout cela est vraiment très, très curieux, et fait revivre à nos yeux ce petit théâtre fantoche dont un de ses premiers contemporains vantait, de cette façon plaisante, l'exactitude et la sérénité : — « Il est plus d'un directeur à Paris qui devrait prendre celui des Ombres Chinoises pour modèle ; il n'entreprend point au-dessus de ses forces, et ses acteurs sont exactement payés au bout du mois. Il est vrai qu'il n'en a point à trente-six mille livres d'appointemens et qui, non contens d'un traitement aussi considérable, aillent encore, pendant un quart de l'année, mettre à contribution la curiosité des provinciaux, jaloux de jouir de leur talent. Jamais le théâtre des Ombres Chinoises n'est dans le cas de fermer, soit par l'humeur, soit par le caprice d'un acteur ; il tient toujours ce que promet l'affiche ; c'est enfin le spectacle le plus régulier qu'il soit possible d'imaginer (1). »

Il fut ainsi régulier pendant quatre-vingt-six ans, après en avoir passé, je l'ai dit, soixante-quatorze dans la même demeure. Séraphin étant mort en 1800, eut pour successeurs son neveu, puis le gendre

---

(1) *Melpomène et Thalie vengées*, an VII, p. 135.

de celui-ci, et enfin la veuve de ce dernier. Ce n'est qu'en 1858 que
le petit théâtre émigra, j'ignore pour quelle raison, du Palais-Royal
au boulevard Montmartre, et alla s'installer dans la maison du Bazar Européen, et c'est en 1870 que les premiers échos du canon
vinrent terminer brusquement son existence devenue difficile. C'est
alors que M. Arthur Maury, les sauvant d'une destruction certaine,
put en recueillir les épaves, que les visiteurs de l'Exposition con-
templèrent avec une curiosité si étonnée et qui m'ont donné l'idée
de rappeler ce petit théâtre cher à l'enfance, où tant de bouches
mignonnes ont ri à belles dents, où tant de mains blanchettes ont
applaudi avec enthousiasme.

Mais hélas! Séraphin n'est plus, et nos enfants n'entendront plus
la petite chanson devenue populaire :

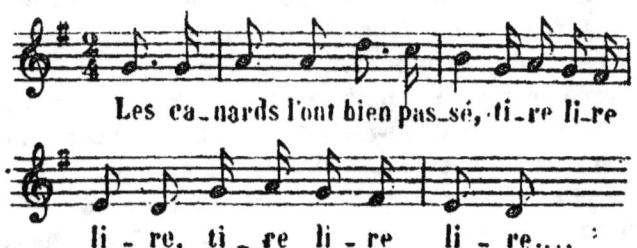

V

DÉCORS ET COSTUMES — MAQUETTES ET DESSINS

Voici l'un des triomphes de l'exposition théâtrale du palais des Arts libéraux, et l'un des sujets dont l'étude offre l'intérêt artistique le plus vif et le plus intense. La décoration scénique, le costume! quoi de plus charmant, de plus enchanteur en effet pour celui qui est véritablement possédé de l'amour du théâtre en toutes ses parties, sous tous ses aspects? et aujourd'hui surtout, où la recherche de la vérité et de l'exactitude historique poussée jusqu'aux moindres détails fait vivre ou revivre à nos yeux, dans des tableaux saisissants et superbes, des contrées inconnues et des temps disparus, où des artistes de premier ordre sont chargés de faire naître en nous, par la magie des formes et des couleurs, des illusions, des sensations qu'aucun autre art ne pourrait nous procurer avec cette impression de la réalité matérielle, agissante et vivante! Précisément, c'est la collaboration personnelle de ces artistes eux-mêmes qui a donné à cette partie de l'exposition théâtrale toute sa puissance, toute sa valeur, tout son lustre et tout son éclat.

Mais il est bon de délimiter ici les deux arts, le décor et le costume, bien qu'ils s'entrelacent à la scène et se confondent dans un effort et dans un effet uniques, s'aidant l'un l'autre, s'appuyant l'un sur l'autre, s'harmonisant l'un par l'autre, travaillant de concert pour agir sur l'esprit et sur l'âme du spectateur, et s'unissant enfin dans une action féconde pour produire un ensemble tantôt poétique, tantôt pittoresque, tantôt puissant et magistral. — Commençons par le décor.

J'ai signalé déjà la petite salle, voisine de la rotonde, dans laquelle on avait rassemblé, sous les glaces de plusieurs vitrines, des autographes, des publications musicales curieuses, des copies de rôles, etc. C'est dans une sorte de retrait qui formait l'extrémité droite de cette salle qu'on avait figuré — en petit, bien entendu — un atelier de décorateur. C'est-à-dire qu'un mannequin de grandeur naturelle, sa longue brosse à la main, sa toile sous ses pieds, une cigarette fichée derrière l'oreille, représentait un peintre décorateur debout, dans l'attitude du travail, en train de parfaire son ébauche. Le public considérait ce spectacle non sans quelque étonnement, car le public ne sait guère que les peintres de théâtre, étant données la nature des couleurs qu'ils emploient et l'étendue des surfaces qu'ils ont à couvrir, sont obligés de travailler ainsi, debout ou à demi penchés, en marchant sur leur toile.

L'art de la décoration théâtrale est un art non pas contemporain, mais moderne, et qui ne remonte pas à beaucoup plus de deux siècles et demi. Je ne parlerai pas ici des anciens ; mais on sait qu'au temps de Shakespeare, dans les œuvres duquel l'action scénique change si fréquemment de lieu et de milieu, un simple écriteau faisait connaître chacun de ces changements, le public se contentant de cette indication et remplaçant par la pensée le décor absent, ainsi que nous sommes obligés de le faire, lorsque, par la lecture seule, nous prenons connaissance d'une œuvre théâtrale (1).

Ce n'est guère qu'à partir du dix-septième siècle et des premières splendeurs de l'opéra italien, entouré dès son origine, à Florence, à Venise, à Rome, à Modène, d'un luxe et d'une richesse scénique incomparables, que le décor commença à prendre, chez nos voisins d'abord, chez nous ensuite, l'importance qu'il comporte en beaucoup de cas, et que, en France, notre Opéra particulièrement n'a jamais cessé de lui accorder. Pour nous, spectateurs exigeants et raffinés, habitués comme nous le sommes aujourd'hui aux vastes et puissants déploiements de mise en scène que nos grands théâtres ne cessent de nous prodiguer à l'envi, les yeux accoutumés à ces beaux tableaux que nous rappelaient d'une façon charmante les adorables maquettes exposées au Champ de Mars et dont j'ai à m'occuper ici, il nous serait assurément difficile et douloureux d'en revenir au procédé sommaire employé par Shakespeare et les acteurs de son temps (2).

---

(1) On a pu remarquer un procédé du même genre employé par les acteurs du Théâtre Annamite de l'Exposition. Si ces acteurs revêtaient des costumes fort riches et très brillants, en revanche ils ne possédaient *aucun* décor, et leur scène était simplement garnie de tapisseries et de tentures. Si le théâtre devait représenter un intérieur, deux manœuvres l'indiquaient d'une façon muette en venant placer sur le plancher un siège ou un tapis ; si les acteurs devaient monter à cheval, ils se bornaient à lever une jambe et à faire le simulacre d'enfourcher en effet une monture. Cela suffisait évidemment à leur public ordinaire, dont la pensée suppléait tout naturellement à ce qui manquait sous ce rapport.

(2) Constatons cependant que, contemporainement à ce qui se passait en Angleterre pour les pièces de Shakespeare, le décor, tout au contraire, présentait chez nous des complications d'un genre tout particulier, complications qu'il tenait évidemment des mystères, dont les représentations, encore récentes, étaient aussi célèbres sous ce rapport que sous bien d'autres. C'est ainsi que dans une tragi-comédie d'Alexandre Hardy, *la Folie de Clidamant*, qui parut dans les premières années du dix-septième siècle, le théâtre était divisé en plusieurs parties, ainsi que nous l'apprend, par la description que voici, un manuscrit de la Bibliothèque nationale : « Il faut au milieu du Théâtre un beau palais, et à un des costés une mer où paroist un vais-

Cet art du décor a été, comme tous les autres, importé en France par les Italiens, qui furent nos initiateurs et longtemps nos maîtres sous ce rapport, mais que nous avons, depuis longtemps aussi, singulièrement distancés. Les décorateurs français qui travaillaient au dix-septième siècle pour l'hôtel de Bourgogne sont traités par leurs contemporains de simples barbouilleurs, alors qu'en Italie les artistes de ce genre étaient d'une remarquable habileté. Aussi, plus d'un de ces derniers fut-il appelé chez nous pour y exercer un art dans lequel tous déployaient une supériorité incontestable. Tandis que les deux Bibbiena, sollicités de tous côtés et courant de ville en ville, poursuivaient dans leur patrie une carrière glorieuse, Torelli venait se mettre au service de Louis XIV et des fêtes somptueuses de la cour de France, et Vigarani s'associait avec Lully pour la direction de l'Opéra, dont il devenait à la fois le décorateur et le machiniste, faisant admirer, entre autres, les superbes toiles qu'il peignait pour *Atys* et pour *Psyché*, et dont les dessins originaux existent encore aux Archives nationales et au Mobilier national. Soixante ans plus tard, un autre Italien, Servandoni, artiste de génie, à la fois peintre et architecte, venait à son tour à Paris, renouvelait chez nous les formes mêmes de la décoration théâtrale en révolutionnant jusqu'à la « plantation » du décor, et, tout en travaillant pour l'Opéra, faisait admirer les merveilles de son fameux « Spectacle en décoration, » qui attirait à la salle des Tuileries une foule curieuse et enchantée. C'est lui qui, pour une reprise du *Thésée* de Lully, ayant à peindre un nouveau décor, celui du temple de Mercure, augmenta, par un procédé nouveau, les proportions de l'édifice qu'il avait à montrer, et compléta l'illusion que celui-ci devait produire. Les frères Parfait, dans leur histoire (manuscrite) de l'Académie royale de musique, le rappellent en ces termes : « La perspective sembloit avoir donné réellement à ce temple une élévation extraordinaire, puisque mal _4 la petitesse du lieu, et sans avoir dérangé aucune machine, les décorations étoient beaucoup plus hautes sur

---

seau garni de mâts, où paroist une femme qui se jette dans la mer, et à l'autre costé une belle chambre qui s'ouvre et ferme où il y ayt un lit bien paré avec des draps. » Cette complication excessive avait précisément pour but d'éviter les changements successifs de la décoration. Celle-ci une fois placée, et la scène représentant à la fois les lieux les plus divers, l'action pouvait se passer tantôt à gauche sur un vaisseau, tantôt à droite dans une chambre à coucher, tantôt encore dans un autre endroit. Il suffisait pour cela que la scène fût jouée par les acteurs sur telle partie du théâtre déterminée par elle. Et l'on remarquera qu'il fallait encore, avec ce procédé, un petit effort d'imagination de la part du spectateur, qui devait supprimer par la pensée telle ou telle partie du décor selon que tel ou tel épisode de l'action se déroulait devant lui.

le fond du théâtre que sur le devant, chose qu'on n'avoit point encore vue à l'Opéra et qui fit un effet admirable, car, outre le dôme, on voyait dans le fond deux ordres d'architecture, le tout ayant trente-deux pieds de haut réels, qui paraissoient à la vue en avoir plus de soixante ; au lieu que jusqu'alors aucune décoration n'avoit eu au plus que dix-huit pieds de haut dans le fond. » Servandoni agit de même en une autre circonstance, lorsqu'il eut à peindre le péristyle du palais de Ninus, pour *Pirame et Tisbé*, et excita la même admiration. Enfin, un autre de ses compatriotes, Pietro Algieri, se fit aussi remarquer à l'Opéra, particulièrement à propos des beaux décors qu'il peignit pour deux des plus importants ouvrages de Rameau, *Dardanus* et *Zoroastre*.

Mais nos artistes surent bientôt profiter des leçons qu'ils recevaient ainsi. Sans parler de Jean Bérain et de Jacques Rousseau, qui, dès le dix-septième siècle, se distinguèrent à leur tour à l'Opéra, de Watteau et de Boucher, qui, plus tard, ne crurent pas au-dessous d'eux de peindre quelques toiles pour ce théâtre et pour celui de l'Opéra-Comique, le dix-huitième siècle nous montre toute une suite de décorateurs qui se produisirent sur nos diverses scènes de la façon la plus avantageuse ; il faut surtout citer parmi eux Bocquet, Lemaire, Tremblin, Baudon, Piètre, Guillet père et fils, Deleuse, Moulin, Tardif, Dubois, Lesueur, Machy, Olivier, Louis Debray, Dussaulx, Degotti, Moreau. Mais c'est surtout depuis une soixantaine d'années et à partir des premiers efforts du romantisme, si soucieux de l'exactitude historique en même temps que si amoureux du pittoresque, qu'on a vu toute une légion d'artistes de premier ordre renouveler et porter chez nous à son plus haut point de splendeur un art dans lequel nous sommes aujourd'hui passés maîtres et ne connaissons point de rivaux. Après J.-B. Isabey, qui, entre autres, avait peint à l'Opéra les beaux décors de *l'Enfant prodigue* et des *Bayadères*, vint son gendre Cicéri, artiste hors ligne, producteur infatigable, qui se fit une immense et légitime renommée en dotant non seulement ce théâtre, mais la Comédie-Française, la Porte-Saint-Martin et le Panorama-Dramatique d'une foule de véritables chefs-d'œuvre (1). Entre

---

(1) En matière d'administration, même lorsqu'il s'agit d'art, il y a toujours place chez nous pour quelque excentricité. Veut-on connaître la composition officielle de l'atelier de peinture de l'Opéra, tel qu'il était organisé en 1809 ? La voici dans son absolue exactitude :

Protain fils, dessinateur ;

Protain père, peintre d'architecture ;

Barra fils aîné ;

Bocquet, peintre des nuages ;

Lebe-Gigun, adjoint ;

Cicéri, peintre des paysages ;

autres décors que Cicéri peignit pour l'Opéra, il faut citer ceux de *Cendrillon*, du *Siège de Corinthe*, de *Moïse*, de *la Muette*, de *Guillaume Tell*, de *la Somnambule*, de *la Belle au bois dormant*, de *Giselle*, de *Robert le Diable*, etc., sans compter la part qu'il prit à ceux de *Don Juan*, de *Charles VI*, de *la Jolie Fille de Gand*... Après lui il faut nommer Daguerre, qui se distingua tant à l'Ambigu; Gué, qui brilla à l'Opéra-Comique et surtout à la Gaîté, où firent fureur ses décors d'*Ondine* et du *Pied de mouton*; puis, dans le même temps, Bouton, Desroches, Matis, Fontaine, Lebe-Gigun, Lefèvre, Justin Leys, Dumay, Bartin, Dreux, Joannis, Desfontaines, Barbier, Pillot, Voisel, Kerwick, Juty fils, Gosse, Carnavalis, Langlois, Prévost, Rascalon, Blanchard. Et depuis quarante ans, quel superbe bataillon de peintres-décorateurs pouvons-nous mettre en ligne! Leurs noms sont dans toutes les mémoires; ce sont d'abord les élèves de Cicéri : Séchan, Diéterle, Despléchin, Léon Feuchères et Cambon; puis Philastre, Thierry, Wagner, Devoir, Rivière, Nolau, Robecchi, Zara, Cappelli, Lavastre aîné et J.-B. Lavastre, Chéret, Poisson, Chaperon, Nézel, Rubé, Carpezat, Jambon, Daran, Fromont, Cornil, Gabin, Devred, Duvignaud, et encore Amable, Gardy, Lemeunier, Brard, Mareschal... (2).

Très difficile, très compliqué, l'art du décor scénique est encore d'une nature particulière, et, avec l'emploi d'une technique toute spéciale, il exige de celui qui s'y livre des connaissances très vastes et très diverses, auxquelles l'artiste doit joindre encore une imagination fertile, beaucoup d'ingéniosité et, selon les cas, une dose remarquable de fantaisie. On pourrait presque dire que le décorateur ne procède que par des sortes de *trompe-l'œil*, tellement l'optique du théâtre nécessite de sa part l'emploi de moyens singuliers, en raison du peu de perspective dont il dispose, du petit

---

Barra, traceur peintre ;
Barra fils, élève.

Passe pour le « traceur peintre; » passe même pour le « dessinateur, » bien que ces fonctions délicates puissent donner à croire que les décorateurs d'alors, à commencer par Cicéri, ne savaient pas dessiner... Mais un « peintre de nuages! » et, comme si celui-là ne suffisait pas, un « adjoint » au peintre des nuages !... Cette spécialité n'est-elle pas une merveille ? Et fallait-il qu'à cette époque l'Opéra fit une étrange consommation de « nuages », pour pouvoir utiliser l'emploi de deux artistes en ce genre — qui devait d'ailleurs leur sembler un peu monotone.

(2) Dans nos grandes villes et sur nos grands théâtres de province, l'art du décor est aussi poussé fort loin et exercé par des artistes fort distingués. C'est ainsi qu'à Lyon, à Marseille, à Bordeaux, à Poitiers et ailleurs on l'a vu et on le voit pratiqué par des peintres remarquables, tels que Bailly, Salesses et MM. Botton, Artus, Gonzalès, Lauriol, Thénot, etc.

espace à l'aide duquel il doit produire de grands effets, enfin du jeu très compliqué et tout artificiel de la lumière scénique. Non seulement il lui faut tenir compte de la nature du tableau qu'il doit représenter, de la régularité ou du caprice de ses lignes, du nombre des personnages qui doivent y trouver place et de la façon dont ils doivent s'y mouvoir, mais encore d'obstacles sans nombre qui se dressent incessamment devant lui et qu'il ne peut surmonter ou tourner qu'à force d'adresse, de subtilité et d'une sorte de ruse avec lui-même et le sens commun ; en effet, l'insuffisance de la perspective, qu'il faut soumettre à certaines nécessités de position, brise continuellement ses lignes en exagérant ses raccourcis, et d'autre part l'agencement des couleurs, l'harmonie des tons, d'un effet souvent si suave et si exquis à la scène, sont obtenus par des procédés dont le résultat semblerait barbare si la peinture était vue de près et sous un jour naturel. En dehors des difficultés pratiques et techniques relatives à la couleur aussi bien qu'à l'aspect général des diverses parties d'un décor, la grande difficulté est donc, en ce qui concerne la composition, de donner parfois, dans un espace aussi restreint que celui dans lequel doit s'enfermer le décorateur, la sensation de la grandeur et surtout de l'éloignement, sans que rien vienne choquer l'œil et la raison du spectateur. « La perspective théâtrale — a dit un homme spécial dans un livre très curieux (1) — est soumise à de certaines lois spéciales ; la scène étant animée par des personnages vivants, ceux-ci ne peuvent, comme les figures d'un tableau, diminuer de dimension à mesure qu'ils s'éloignent vers le fond. Le décorateur prend les précautions nécessaires pour empêcher les acteurs d'approcher des parties lointaines et fuyantes de sa composition. Il est obligé d'inventer des obstacles pour qu'on ne choque pas la vraisemblance. Dans les décorations architecturales, il doit tenir toute la partie inférieure au-dessous de la ligne d'horizon dans les dimensions réelles, les parties fuyantes ne commençant qu'à l'endroit où la décoration cesse d'être praticable », c'est-à-dire à l'endroit où il devient impossible de s'y mouvoir. On voit à quels subterfuges le peintre est obligé de recourir, et quelles difficultés matérielles il rencontre à chaque pas. Celles-ci d'ailleurs sont de plus d'un genre ; le même écrivain l'a dit encore : — « Tout ce qu'il faut d'entente de la perspective, d'études spéciales, de recherches patientes pour reproduire dans leurs proportions naturelles et avec leurs moindres détails les paysages les plus divers, l'architecture de tous les temps et de tous les pays, on le comprend sans peine. La nécessité de faire se raccorder toutes les parties d'un tableau formé de morceaux séparés et des-

---

(1) J. Moynet : *L'Envers du théâtre.*

tiné à être vu de différents points d'une salle ; d'obtenir l'unité de
ton en peignant côte à côte des surfaces et des reliefs qui doivent
se confondre pour le spectateur ; enfin, de régler pour chaque partie de la décoration l'intensité de l'éclairage, tout cela constitue
autant de difficultés dont les peintres de nos grands théâtres savent
triompher à force de travail et de talent. »

Pour ce qui concerne le travail purement matériel du décorateur,
on se fera une idée de son importance en songeant que dans un
grand théâtre une seule décoration développe, en moyenne, de mille
à quinze cents mètres de surfaces peintes. C'est qu'en effet, outre
le fond, il faut comprendre dans la décoration les châssis obliques
(coulisses), les plafonds (frises ou plafonds réels), les appliques et
enfin les fermes, souvent si nombreuses et si importantes, qui entrent dans la composition et l'aménagement d'un décor. Quant à la
nature elle-même de la peinture, celle-ci, en France, se fait presque
exclusivement à la détrempe, et chacun sait si l'habileté de nos
artistes en obtient des résultats remarquables ; ce n'est que lorsqu'on veut obtenir certains effets de transparence qu'on a recours à
la peinture à l'huile ou à l'essence ; on peint alors non plus sur toile,
mais sur calicot, après avoir soumis celui-ci à une certaine prépa-
ration, et en l'éclairant par derrière, comme un store, on obtient
un effet semblable.

Si je me suis étendu un peu longuement sur cette question de
la décoration théâtrale, c'est pour montrer tout l'intérêt qu'elle présente et qui s'y attache, en même temps que pour mettre en relief
la grande valeur de nos artistes en ce genre et le talent qu'ils dé-
ploient chaque jour. Les visiteurs du Champ de Mars ont pu d'ailleurs s'en rendre compte à la vue de la superbe série de maquettes
qui faisaient partie de l'exposition théâtrale, et dont le succès auprès d'eux a été si considérable. Mais tous ne comprenaient pourtant
pas l'utilité de ces petites réductions décoratives, et quelques-uns,
ne voyant là-dedans qu'une sorte de joujou, se demandaient quel
en pouvait être l'objet. Il est facile de les satisfaire. On comprend
que dans les théâtres où la décoration joue un rôle important, on
ne saurait se contenter d'un simple dessin pour l'établissement d'un
décor dont tous les détails, toutes les parties offrent tant de complications. Avant d'entreprendre son travail dans les proportions
qu'il doit avoir, le peintre construit donc un petit modèle absolument
exact de ce décor, avec ses plans successifs, et les châssis, fermes,
rideaux, plafonds et praticables qu'il comporte, tels qu'ils doivent
être sur la scène ; c'est ce petit modèle, en carton découpé, dont
toutes les pièces sont peintes avec soin comme devra l'être le vrai
décor, qui prend le nom de « maquette, » et c'est quand chacun :
auteurs, directeur, régisseur, machiniste, etc., a fait ses observations

à son sujet, c'est quand toutes les modifications et corrections indiquées ont été opérées, qu'elle est établie d'une façon définitive et que le peintre est autorisé à commencer, d'après elle, son travail en grand.

Les trente-six maquettes exposées au Champ de Mars provenaient de l'importante collection que possèdent en ce genre les archives de l'Opéra, collection qui, pour la salle actuelle seulement, c'est-à-dire depuis 1875, ne comprend pas moins de 180 décors. Toutes sont construites à l'échelle uniforme de trois centimètres par mètre. On n'a eu qu'à choisir les plus intéressantes parmi celles qui n'avaient pas figuré à l'Exposition de 1878, et on les a disposées, avec un éclairage spécial (fort difficile à régler, par parenthèse), tout autour de la rotonde consacrée à l'exposition théâtrale.

Voici la liste exacte des décors ainsi exposés, avec les noms de leurs auteurs :

1. *Sapho* (1er acte). — Rubé et Chaperon ;
2. *Sapho* (2e acte). — J.-B. Lavastre ;
3. *Tabarin* (2e acte). — Rubé, Chaperon et Jambon ;
4. *Le Cid* (1er acte). — Carpezat;
5. *Le Cid* (3e acte). — Rubé, Chaperon et Jambon ;
6. *Patrie* (1er acte). — Poisson ;
7. *Patrie* (3e acte). — Rubé, Chaperon et Jambon ;
8. *Patrie* (4e acte). — J.-B. Lavastre ;
9. *La Dame de Monsoreau* (4e acte). — J.-B. Lavastre.
10. *La Juive* (1er acte). — Lavastre et Despléchin ;
11. *La Favorite* (2e acte). — Cambon ;
12. *La Favorite* (3e acte). — Cambon ;
13. *La Source* (1er acte). — Chéret ;
14. *Les Huguenots* (3e acte). — Cambon ;
15. *Coppélia* (1er acte). — Daran ;
16. *Le Freischütz* (1er acte). — Daran ;
17. *Le Prophète* (1er acte). — Chéret ;
18. *Le Prophète* (3e acte). — Lavastre et Despléchin ;
19. *Le Prophète* (4e acte). — Cambon ;
20. *Robert le Diable* (1er acte). — Chéret ;
21. *Le Roi de Lahore* (5e acte). — Rubé et Chaperon ;
22. *L'Africaine* (4e acte). — Rubé et Chaperon ;
23. *Polyeucte* (5e acte). — J.-B. Lavastre ;
24. *La Reine Berthe* (1er acte). — Chéret;
25. *Yedda* (2e acte). — J.-B. Lavastre ;
26. *La Muette de Portici* (3e acte). — Lavastre et Carpezat ;
27. *La Muette de Portici* (5e acte). — Rubé et Chaperon ;
28. *Aïda* (3e acte). — Chéret ;

29. *Aïda* (4e acte). — Rubé et Chaperon ;

30. *La Korrigane* (1er acte). — J.-B. Lavastre ;

31. *La Korrigane* (2e acte). — Rubé et Chaperon ;

32. *Le Tribut de Zamora* (2e acte). — J.-B. Lavastre ;

33. *Le Tribut de Zamora* (3e acte). — Lavastre et Carpezat ;

34. *Henry VIII* (1er acte). — Lavastre et Carpezat ;

35. *Henry VIII* (2e acte). — J.-B. Lavastre ;.

36. *La Farandole* (1er acte). — Rubé et Chaperon.

Parmi ces décors, tous remarquables à des degrés divers, il en est qui sont de toute beauté, et parmi eux on peut surtout signaler les suivants, qui donnent une haute idée du talent magistral et du génie d'invention de nos artistes : *Patrie* (1er et 4e actes), *la Source*, *les Huguenots*, *l'Africaine*, *Aïda* (3e acte), un chef-d'œuvre, et *le Tribut de Zamora* (2e act), une merveille !

Mais il s'en faut bien que ce fussent là les seuls échantillons de décoration théâtrale que nous offrît le palais des Arts libéraux. Au premier étage, à la classe XI, quatre artistes, MM. J.-B. Lavastre, Philippe Chaperon, Eugène Lacoste et Bianchini, avaient formé, je l'ai dit déjà, une exposition personnelle, extrêmement remarquable, de décors et de costumes. Ici nous retrouvons donc M. J.-B. Lavastre, avec *vingt-huit* maquettes de décorations exécutées par lui non plus seulement pour l'Opéra, mais aussi pour la Comédie-Française et l'Opéra-Comique. Il avait fâcheusement négligé d'indiquer l'origine de dix-sept de ces maquettes ; mais voici la liste des onze autres : *Lakmé* (1er acte), *une Nuit de Cléopâtre* (2e acte, 2e tableau), *Namouna* (2e acte), *le Cid* (4e acte, 2e tableau), *Sigurd* (2e acte, 2e tableau), *Egmont* (1er acte), *la Muette de Portici* (1er acte), *Sapho* (4e acte), *la Dame de Monsoreau*, *Garin* (3e acte), et *Polyeucte* (esquisse). Ce n'est pas tout. A côté de ces maquettes, M. J.-B. Lavastre exposait toute une série de dessins superbes et de divers genres, d'une facture magistrale, qui n'étaient pas tous des dessins de décorations scéniques, et dont je puis donner la nomenclature : *Hamlet* (Comédie-Française, 1er acte, 3e tableau ; 3e acte, 2e et 3e tableaux ; esquisse pour le 5e acte) ; *Sapho* (2e acte, 1er et 2e tableaux) ; *les Deux Pigeons*, ballet ; *le Roi d'Ys* (3e acte, 2e tableau) ; *Egmont* (1er acte) ; *Patrie* (4e acte) ; *le Tribut de Zamora* (2e acte) ; *Galante Aventure* ; *les Pantins* ; *Benvenuto Cellini* (esquisse pour l'Opéra-Comique) ; Intérieur rustique ; Salon Molière ; Rideau de manœuvre du Théâtre des Arts, à Rouen ; Projet de plafond ; Esquisse pour un rideau d'avant-scène ; Esquisse.

De son côté, M. Philippe Chaperon avait exposé six dessins de décors, six aquarelles de grandes dimensions et vraiment de toute beauté, au bas desquelles j'ai vivement regretté, pour ma part, de ne trouver aucune indication. Je m'en voudrais pourtant de ne pas les mentionner et les signaler ici, avec les éloges bien sincères que méritent leurs grandes qualités, leur bel effet et leur facture superbe.

Passons maintenant au costume.

Il va sans dire que, comme le décor, le costume a toujours été une grosse préoccupation pour les théâtres qui se font surtout une spécialité du luxe et de la richesse du spectacle scénique. A Paris, la Porte-Saint-Martin, le Châtelet, la Gaîté, qui réunissent généralement en scène des masses considérables, ont fait de tout temps de grands efforts pour produire, dans cet ordre d'idées, des effets puissants au point de vue de la plastique et du pittoresque. Sous un aspect plus intime, la Comédie-Française, l'Opéra-Comique, l'Odéon ne se distinguent pas moins, surtout en ce qui touche la vérité générale et l'exactitude historique. Il n'est pas jusqu'à nos petits théâtres de genre, les Bouffes-Parisiens, la Renaissance, les Nouveautés, les Folies-Dramatiques, qui, sous ce rapport, ne fassent preuve parfois d'une fantaisie charmante et pleine d'élégance ; ici seulement on peut dire trop souvent que la sauce est destinée à faire passer le poisson, c'est-à-dire qu'on revêt à ravir des pièces qui n'ont pas le sens commun, et qu'on flatte l'œil aux dépens de l'esprit, de l'oreille et du goût. Quant à l'Opéra, chacun sait qu'il est passé maître en ces sortes de choses, et que depuis plus de deux siècles la question du costume ne le préoccupe pas moins que celle du décor lorsqu'il s'agit pour lui d'offrir au public une œuvre nouvelle.

Aussi, les travaux préliminaires en ce sens sont-ils fort importants dans nos divers théâtres, et la besogne des dessinateurs est-elle singulièrement compliquée. Tout le monde ne sait pas que pour une pièce à grand déploiement scénique il n'est pas un seul costume dont le dessin n'ait été tout d'abord établi de la façon la plus complète et la plus exacte, aussi bien en ce qui concerne la forme et la couleur que les ornements de tout genre et les ajustements accessoires. Et cela non seulement pour tous les personnages, sans exception, mais encore pour la danse, pour les chœurs, pour la simple figuration. On juge du nombre de dessins qu'exige ainsi, par exemple, un opéra ou un ballet nouveau, une féerie ou un drame à grande envergure, avec leur personnel immense (1). On peut aussi comprendre

(1) Je n'ai pas à entrer ici dans le détail de la confection des costumes. Pour donner une idée de l'importance du sujet, je ferai seulement remarquer, en ce qui concerne l'Opéra, que l'atelier des tailleurs à ce théâtre comprend une vingtaine d'ouvriers dirigés par un chef de l'habillement aidé d'un ou deux adjoints, et que l'atelier des couturières, d'un personnel un peu plus considérable, a à sa tête une maîtresse couturière avec une sous-maîtresse et une employée. Au total, une cinquantaine de personnes pour le moins.

à quelles difficultés le dessinateur doit se heurter lorsque, sans parler même de son talent personnel, sans considérer le caractère historique ou la fantaisie qu'il lui faut donner aux costumes, non plus que le goût, le savoir ou l'imagination dont il doit faire preuve, il s'agit pour lui de varier les tons et les couleurs, de distribuer les étoffes, de fondre et de marier les nuances entre elles en se conformant avec soin à la nature et à l'éclairage du décor, et de procéder enfin de telle façon que l'ensemble soit toujours harmonieux jusque dans les brutalités parfois nécessaires, que les contrastes cherchés donnent l'effet attendu, et que rien ne vienne choquer l'œil du spectateur le plus raffiné, le plus scrupuleux et le plus délicat.

Il s'ensuit donc que, comme nos décorateurs, nos dessinateurs de costumes sont des maîtres en leur genre. Pour ce qui est de l'Opéra, on y peut relever les noms de toute une dynastie d'artistes qui, certes, ne sont pas les premiers venus. A l'époque de Lully, c'est Jean Bérain, « dessinateur du cabinet du roi », qui est chargé de tout ce qui concerne « les habits ». Plus tard, c'est-à-dire dans la première moitié du xviii⁰ siècle, ce service est dévolu à Boucher. A Boucher succède Martin (1756), puis Bocquet (1759), qui quitte l'Opéra Comique, auquel il était attaché depuis trois ans, pour passer à l'Opéra, où l'on conserve de lui toute une suite de dessins d'une valeur rare et précieuse. Puis viennent successivement Colibert (1779). Berthélemy (1790), Ménager (vers 1806), Dublin (1816), Garnerey (1819), Fragonard (1824), Hippolyte Lecomte (1825), et enfin MM. Paul Lormier, Eugène Lacoste et Bianchini. Entre temps, on vit quelques peintres fameux prêter occasionnellement sous ce rapport leur concours à l'Opéra. C'est ainsi qu'en 1782 Moreau le jeune dessina les costumes de deux petits ouvrages, *Ariane dans l'île de Naxos* et *Apollon et Daphné*, et que plus tard Louis Boulanger dessina les costumes de *la Esmeralda*, Eugène Lami ceux des ballets *l'Orgie* et *la Sylphide*, et Léopold Robert, l'auteur des *Moissonneurs*, ceux d'un autre ballet, *l'Ile des Pirates*. Raffet, lui aussi, a exécuté à l'occasion divers dessins de costumes pour l'Opéra.

Le public a pu se convaincre de la valeur de nos dessinateurs actuels en contemplant la très nombreuse série de costumes exposés au Champ de Mars, d'abord dans la rotonde de l'exposition théâtrale officielle, ensuite dans l'exposition particulière faite au premier étage du palais par quelques-uns de nos artistes et dont je viens de signaler la valeur en ce qui touche le décor. Dans la rotonde, je l'ai dit déjà, se trouve une série nombreuse d'aquarelles très fines de M. Lormier pour l'Opéra, de MM. Théophile Thomas et Lechevallier-Chevignard pour la Comédie-Française ; cela est tout à fait charmant, d'une finesse extrême et d'un goût plein de délicatesse. MM. Lacoste et Bianchini figurent aussi dans l'exposition officielle ;

mais nous allons les retrouver là-haut, en compagnie de MM. J.-B. Lavastre et Chaperon, et c'est là surtout que nous allons voir briller M. Eugène Lacoste, à qui cette exposition particulière faisait tant d'honneur qu'elle lui a valu un grand prix bien mérité.

M. Lacoste n'est pas un artiste tranquille et insouciant. Il connaît les exigences de l'art théâtral moderne, ses besoins de vérité locale, de conscience historique, et il ne se fait pas prier pour les satisfaire. Non seulement il veut s'imprégner de l'air des pays dont il lui faut reproduire les coutumes et les costumes, mais il prétend leur arracher leurs petits secrets de toilette même en ce qui concerne le passé, et un passé déjà lointain. Pour cela rien ne lui coûte, et s'il le croit nécessaire il n'hésite pas, bouclant hardiment sa valise, à se mettre en route pour tel ou tel pays. La peine, le temps, l'argent, tout lui est égal, du moment qu'il s'agit de préparer de bonne besogne ; il a l'amour de son art poussé à un degré rare, et il ira sur place chercher les renseignements et les documents dont, par excès de conscience, il croit ne pouvoir se passer. Lorsqu'il a été question de monter *Aïda* à l'Opéra, il s'est bravement embarqué pour l'Égypte et a été faire là-bas un voyage qui n'a pas été sans fruit pour le travail difficile qu'il avait à exécuter. Pour *Henry VIII* il est allé s'installer pendant plusieurs semaines à Londres, où il a mis sérieusement à contribution le *British Museum* et les trésors qu'il renferme, de même que pour *la Korrigane* il a fait en Bretagne une très longue et très fructueuse exploration. De ces deux voyages il a rapporté une centaine de croquis pris à main leste, qu'il a exposés dans un immense cadre et qui lui avaient servi à établir les maquettes de ses costumes. Il a fait de même pour *la Farandole*, et à l'occasion de cet ouvrage s'est rendu en Provence, d'où il a rapporté, entre autres, une grande aquarelle tout à fait charmante, représentant une farandole prise sur nature et divers croquis qu'il a accompagnés de cette mention : « Voyage en Provence. Reconstitution des costumes de 1670 à 1780, de Tarascon, Avignon, Arles, Beaucaire, Marseille, pour le ballet *la Farandole*. » Il lui est même arrivé à ce sujet une petite aventure assez curieuse. Entrant un dimanche dans une auberge et y trouvant une gentille petite servante fort joliment accoutrée dans ses habits de fête, il tire son calepin et prie la fillette de se tenir un instant devant lui pour qu'il puisse saisir son costume. Comme il était en train de dessiner, entre une bonne vieille grand'mère, qui demande ce que fait le monsieur. « Le monsieur » lui dit qu'il prend le dessin du costume de la servante. — « Attendez, fait alors la vieille. Venez avec moi ; vous allez voir. » Et elle l'emmène, le fait monter dans un grenier, ouvre une grande malle et lui fait admirer des costumes de trois générations, aux couleurs éclatantes, et frais encore comme si l'on

venait à l'instant de les quitter. Vous jugez de la surprise tout ensemble et de la joie du voyageur, qui, transformant la petite servante en une sorte de mannequin et lui faisant revêtir tour à tour ces
divers costumes, passe une demi-journée à les reproduire sur son
calepin !

Tous ces croquis relatifs à *Henry VIII*, à *la Korrigane* et à *la Farandole*, exposés par M. Lacoste, sont extrêmement curieux et donnent
une preuve éclatante de la conscience de l'artiste. Mais là ne se
borne pas, on peut le croire, son exposition personnelle. Dans quatre
cadres de dimensions différentes, il a encore placé sous les yeux
du public quatre-vingts dessins de costumes, sous forme d'aquarelles
très fines, très poussées et d'un aspect vraiment délicieux, dont
l'ensemble réjouit le regard et qui, ainsi groupées, forment une réunion exquise. En examinant cette série de travaux si délicats, ces
dessins si pleins de charme et d'élégance, de finesse et de vérité,
en songeant que M. Lacoste est resté quatorze ans à l'Opéra, où il
a donné tant de preuves de talent et de dévouement, on se demande
comment ce théâtre a pu se priver volontairement des services d'un
tel artiste et quelles raisons ont pu l'amener à se séparer de lui?
Heureusement, la haute récompense qu'il a reçue est de nature à
consoler M. Lacoste de bien des déboires (1).

Je n'ai plus, pour terminer ce chapitre concernant les travaux si
intéressants de nos décorateurs et de nos dessinateurs de théâtre,
qu'à signaler les aquarelles de M. Bianchini, reproduisant les mo-

---

(1) Il n'est peut-être pas sans intérêt de noter les circonstances qui ont
précédé l'attribution du grand prix décerné à M. Lacoste pour sa belle
exposition. La veille seulement du jour où se réunissait la commission
du jury de la classe XI pour visiter les œuvres exposées, M. Lacoste rece-
vait avis d'avoir à se trouver au Champ de Mars à l'heure de la réunion.
Absent de Paris, il y revenait le jour même, trouvait la lettre, courait
au Champ de Mars et arrivait... trop tard. Un peu désappointé, on le
comprend, et contant ses doléances à un membre de la Commission, par
hasard encore présent, celui-ci lui dit : — « Oh ! ne vous plaignez pas ;
vous avez eu un avocat qui a fait apprécier votre exposition comme
vous ne l'auriez certainement pas fait, qui a plaidé votre cause avec une
chaleur qui vous eût été interdite, et qui a présenté votre éloge de façon
à vous faire rougir si vous eussiez été présent. — Ah bah ! et qui donc?
— Un de vos confrères, exposant comme vous. — Mais qui encore ? —
M. J.-B. Lavastre, qui a donné à la commission tous les détails possibles
et impossibles sur votre personne, sur votre talent, sur vos travaux, et
qui s'est mis en quatre pour faire ressortir l'importance et la valeur de
vos envois. » On pense si M. Lacoste fut touché de ce récit, et s'il sut
gré à M. J.-B. Lavastre du témoignage — si rare ! — de bonne confra-
ternité qu'il venait de lui donner !

dèles de costumes faits par lui pour *Patrie, Sigurd* et *Roméo et Juliette* à l'Opéra, pour *Hamlet* à la Comédie-Française et pour *le Roi d'Ys* à l'Opéra-Comique (1).

---

(1) On vient de voir quels sont les dessinateurs de nos grands théâtres. Parmi ceux qui travaillent pour nos scènes de genre, je signalerai entre autres les noms de MM. Grévin, Draner, Job et Choubrac.

VI

L' « HISTOIRE DU COSTUME »

A côté du costume peint ou dessiné, des jolies aquarelles qu'elle contenait en si grand nombre et que j'ai fait connaître dans le précédent chapitre, la rotonde de l'exposition théâtrale nous offrait ce qu'on pourrait appeler le costume en nature. C'est-à-dire qu'on avait réuni là une vingtaine de figurines d'un demi-mètre environ de hauteur, de poupées habillées avec beaucoup de soin, et dont les costumes, reconstitués d'après les documents les plus authentiques, reproduisaient scrupuleusement ceux que portaient naguère, dans des personnages restés célèbres à la scène, quelques-uns de nos plus grands artistes tragiques, comiques ou lyriques. M. Nonnon et Mᵐᵉ Floret, costumier et costumière en chef de l'Opéra, s'étaient tout à fait distingués dans cette reconstitution, opérée par eux à l'aide des estampes ou des dessins conservés dans les archives de ce théâtre et de la Comédie-Française, en tenant compte exactement non seulement de la coupe et de la forme aussi bien que de l'ensemble et des détails de chaque vêtement, mais encore du choix des étoffes et des matières employées. Toutefois, on me permettra de trouver un peu ambitieux, un peu excessif, le titre d' « histoire du costume », pompeusement employé par le catalogue pour caractériser cette partie de l'exposition. Qu'il y ait là, si l'on veut, un essai assez curieux, une tentative ingénieuse et non sans quelque intérêt, un jalon posé enfin, quoique tout arbitrairement et un peu trop à l'aventure, touchant l'histoire du costume au théâtre, j'en demeurerai d'accord ; mais de là à cette histoire envisagée dans un ensemble même rudimentaire, avec une apparence de plan réfléchi, de suite et de méthode, je suis obligé d'avouer qu'il y a diantrement loin. Dans cette trop discrète exhibition je n'ai vu, pour ma part, qu'une réunion d'éléments singulièrement incomplets, dans laquelle, étant donné le trop petit nombre des objets exposés, on ne pouvait tenir compte ni de la succession des époques, ni de la marche si irrégulière et de l'importance si capricieuse des progrès accomplis, ni surtout de l'étonnante diversité de costumes de tous temps, de toutes conditions et de tous pays dont l'ensemble pourrait réellement constituer une histoire du vêtement théâtral. Quoi qu'il en soit, ce petit assemblage de figurines ainsi costumées n'est pas sans faire naître et sans susciter quelques remarques d'autant plus intéressantes que, je l'ai dit, le travail de reconstitution a été exécuté avec beaucoup de soin, de talent, de conscience et d'exactitude.

Constatons d'abord qu'il n'a guère fallu moins de deux siècles, en France tout au moins, pour arriver à une réforme radicale et à un emploi rationnel du costume scénique selon les exigences de l'histoire et de l'ethnographie. Que d'efforts, que de tentatives de la part de quelques-uns pour combattre une routine obstinée et déplorable, depuis l'époque où l'on voyait les héros de Corneille et de Racine se présenter devant le public en beaux habits brodés et galonnés, avec l'immense perruque Louis XIV surmontée d'un casque effroyablement empanaché, où la farouche Athalie, la tendre Chimène se montraient en robe de cour à longue queue, très convenablement décolletées, la tête surchargée de plumes et de diamants ! C'est alors qu'Addison, le célèbre poète anglais, à la suite d'un voyage par lui fait à Paris, écrivait dans son *Spectateur*, en parlant de l'Opéra : — «... J'ai vu deux Fleuves chaussés en bas rouges, et Alphée, au lieu d'avoir la tête couverte de joncs, conter fleurette avec une belle perruque blonde et un plumet sur l'oreille... »

Ce ne fut pourtant pas toujours de la faute de nos acteurs si la réforme fut si longue à s'opérer chez nous ; quelques-uns s'y employèrent avec ardeur, firent en ce sens des efforts très soutenus et très intelligents, mais pendant longtemps se heurtèrent à la sottise, à l'inertie ou au mauvais vouloir tout ensemble de leurs camarades, du public et surtout de la cour, qui, suprême arbitre alors en matière de théâtre, se montrait absolument réfractaire à tout mouvement de ce genre, hostile à toute tentative basée sur le raisonnement. La première qui se signala sous ce rapport fut une danseuse de l'Opéra, Mlle Sallé, à qui tout son talent, toute son autorité ne permirent même pas un essai timide, et qui, de guerre lasse, dut aller en Angleterre pour y réaliser ses idées de réforme et de progrès. En 1734 elle alla jouer à Londres, au théâtre Covent-Garden, un ballet-pantomime intitulé *Pygmalion*, dont elle était l'auteur et dans lequel elle résolut de se montrer autrement qu'en poudre et en paniers, comme on l'obligeait à le faire à l'Opéra, prétendant, dans un tel sujet, se conformer à la tradition antique et prendre modèle sur les bas-reliefs et les statues de l'ancienne Grèce. Une lettre adressée de Londres au *Mercure de France* rendait ainsi compte de sa tentative, qui eut d'ailleurs, auprès du public anglais, le succès le plus complet : — « .... Vous concevez, Monsieur, ce que peuvent devenir tous les passages de cette action exécutée et mise en danse avec les grâces fines et délicates de Mlle Sallé. Elle a osé paraître dans cette entrée sans panier, sans jupe, sans corps, échevelée, et sans aucun ornement sur la tête. Elle n'était vêtue, avec son corset et un jupon, que d'une simple robe de mousseline tournée en draperie, ajustée sur le modèle d'une statue grecque... » Malgré le succès obtenu par elle à Londres en cette circonstance, Mlle Sallé ne put faire prévaloir ses idées à l'Opéra, et, plutôt que d'y renoncer, elle préféra continuer d'aller les appliquer en Angleterre.

Quelques années après, ce fut au tour d'une autre actrice séduisante, Mme Favart, d'essayer une réforme du costume, cette fois à la Comédie-Italienne. Avant elle, les paysannes paraissaient à la scène en robes à falbalas et à paniers, avec la perruque de rigueur, les bas de soie à coins bien tirés, des diamants, des mouches, et les mains emprisonnées dans des gants qui montaient jusqu'aux coudes. Elle eut le courage de paraître, dans *Bastien et Bastienne*, avec une jupe de serge, les cheveux plats, une croix de métal, et les pieds nus dans des sabots ; et il fallut toute l'affection que lui portait le public pour forcer celui-ci à accepter une telle nouveauté. Dans *les Chinois* elle fit faire, avec des étoffes venues de Chine, des costumes authentiques, et lorsqu'on monta *les Trois Sultanes* elle fit venir expressément des étoffes et des costumes de Constantinople. — Pendant qu'elle agissait ainsi, Lekain et Mlle Clairon s'efforçaient de faire de même à la Comédie-Française. De Lekain, un de ses contemporains disait : « Idolâtre de son art, Lekain y consacroit tout son tems, tous ses soins, toutes ses dépenses. Il est le premier qui ait eu de véritables habits de costumes ; il les dessinoit lui-même, et se privoit de tout pour subvenir aux frais de sa garde-robe de théâtre, dans un tems où ses appointemens étoient très médiocres. » Quant à Mlle Clairon, elle disait elle-même dans ses *Mémoires* : — « Je demande, à toutes les femmes en général, l'attention la plus scrupuleuse à leurs vêtements : le costume ajoute beaucoup à l'illusion du spectateur, et le comédien en prend plus aisément le ton de son rôle... Je désire surtout qu'on évite avec soin tous les chiffons, toutes les modes du moment... La seule mode à suivre est le costume du rôle qu'on joue. On doit surtout arranger ses vêtements d'après les personnages ; l'âge, l'austérité, la douleur, rejettent tout ce que permettent la jeunesse, le désir de plaire, et le calme de l'âme. Hermione avec des fleurs serait ridicule : la violence de son caractère, et le chagrin qui la dévore, ne lui permettent ni recherche, ni coquetterie dans sa toilette ; elle peut avoir un habit magnifique, mais il faut que l'air le plus négligé dans tout le reste prouve qu'elle ne s'occupe point d'elle-même. Le premier coup d'œil que le public jette sur l'actrice doit le préparer au caractère qu'elle va développer. »

Pourtant, les idées de réformes n'avançaient que bien lentement, et l'opposition qu'elles ne cessaient de rencontrer se montrait parfois inepte et farouche. Mme Saint-Huberty nous en fournit une preuve éclatante, elle qui faisait en sorte aussi, à l'Opéra, d'introduire dans de sottes et maladroites coutumes des modifications rationnelles et intelligentes. Elle l'essaya tout d'abord en 1782, dans un acte lyrique d'Edelmann, *Ariane dans l'île de Naxos*, qu'elle jouait avec Lainez, et voici comment un critique du temps, Levacher de Charnois, rendait compte du fâcheux résultat de sa tentative : — « On a vu cette actrice paroître vêtue d'une longue tunique de lin attachée sous le sein, les jambes nues et chaussées d'un brodequin antique. De sa tête libre descendoient avec grâce plusieurs nattes faites de ses cheveux qui jouoient sur ses épaules. Ce costume neuf pour les spectateurs, et aussi vrai qu'élégant, fut applaudi avec une sorte d'ivresse ; mais, malgré l'aveu du public, malgré le suffrage des artistes, il vint des ordres qu'on appela *ministériels*, qui défendirent à Mlle St Huberti de reparoître sous ce beau costume, et à la seconde représentation de l'ouvrage, elle fut obligée de se remontrer avec l'attirail lourd et ridicule de nos coquettes et de nos prudes (1). »

Par la suite cependant, et à mesure que son influence s'établit, l'action de Mme Saint-Huberty devint plus efficace, mais seulement relativement à elle-même, ses camarades, ses compagnons et l'administration ne faisant aucun effort pour en prendre leur part et généraliser ses effets. Un seul parmi ceux-là, le chanteur Adrien, eut le courage et le bon goût de suivre son exemple ; mais son effort aussi resta isolé et sans résultat appréciable. Bientôt pourtant Talma, dont la haute intelligence se portait sur toutes les parties de son art, allait introduire à la Comédie-Française, non sans peine d'ailleurs, des idées nouvelles et salutaires en matière de costume, idées qui préparèrent en quelque sorte le grand mouvement révolutionnaire qu'on ne devait plus tarder beaucoup à voir se produire. Néanmoins il fallut, pour que ce mouvement éclatât ainsi et avec tant de vigueur, la venue de l'école romantique, qui, si soucieuse de l'effet matériel, de la vérité plastique et de tout ce qui pouvait concourir à l'illusion scénique la plus saisissante et la plus complète, détruisit violemment toutes les vieilles coutumes, tous les vieux préjugés, et par tous les moyens chercha la vérité, dans le costume comme dans le décor. A partir de ce moment, le progrès en ce sens marcha à pas de géant, et l'art de la mise en scène acquit successivement sur tous nos théâtres l'importance qui lui est due et que nous lui voyons aujourd'hui.

Pour en revenir à l'exposition de l' « histoire du costume », les premières figures qu'elle nous offre, dans l'ordre chronologique, sont celles de quatre personnages d'un ballet de cour dans lequel dansait Louis XIV en personne, le « Ballet du roi des *Fêtes de Bacchus*, » qui fut représenté au Palais-Cardinal (Palais-Royal) le

---

(1) *Recherches sur les costumes et les théâtres de toutes les nations.*

2 mai 1651. Les quatre costumes reproduits ici nous prouvent qu'en ce qui concerne la fantaisie pure et la débauche de l'imagination, les costumiers d'il y a deux cent cinquante ans n'étaient pas moins bien doués que leurs confrères actuels, auxquels ils n'auraient rien ou à envier. Je ne dis pas cela pour celui du Devin, que personnifiait précisément le jeune souverain, alors âgé de douze ans seulement; mais celui du Jeu est très curieux comme arrangement et trouverait parfaitement sa place dans une de nos féeries modernes, avec son pourpoint figurant un damier, avec les dominos et les tarots qui garnissent la jupe, les cornets à dés qui forment le tonnelet et les mancherons, et la coiffure si drôlement agrémentée de pions d'échiquier. L'Homme de feu, très élégant dans son pourpoint noir et rouge à manches jaunes, avec des flammes garnissant la jupe et le bras, et l'Esprit follet, avec la singulière auréole empesée qui lui encadre le visage, ne sont pas moins étranges l'un et l'autre et ne figureraient pas avec moins de bonheur dans une des grandes pièces fantastiques dont notre public ne cesse de se montrer si friand.

Mais nous n'en sommes ici qu'à la fantaisie scénique. Nous abordons le théâtre véritable et sérieux avec la figure qui nous représente Molière sous les traits d'Arnolphe de *l'École des Femmes :*

> Agnès, pour m'écouter, laissez là votre ouvrage:
> Levez un peu la tête, et tournez le visage...

Aucune remarque particulière n'est à faire ici. Le costume est copié d'après le tableau fameux dit *des Farceurs*, qui décore le foyer de la Comédie-Française, et c'est encore ainsi que le rôle se joue aujourd'hui. C'était ce qu'on appelait le costume « à manteau, » qui, en donnant son nom à l'emploi qu'il caractérisait, — l'emploi des « manteaux, » — s'est perpétué jusqu'à nos jours dans la comédie classique, sans modification appréciable. Ceci ne suffirait pas à nous faire juger du très grand souci que Molière avait de la vérité du costume; mais nous en avons une preuve dans la petite algarade qu'il fit à sa femme le jour de la première représentation de *Tartufe*, où elle jouait Elmire tandis que lui faisait Orgon. On connaît l'histoire, que raconte ainsi Grimarest dans sa *Vie de Molière :* — « Comme cette pièce promettoit beaucoup, elle voulut y briller par l'ajustement; elle se fit faire un habit magnifique, sans en rien dire à son mari, et du tems à l'avance elle étoit occupée du plaisir de le mettre. Molière alla dans sa loge une demi heure avant qu'on commençât la pièce. « Comment donc, Mademoiselle, » dit-il en la voyant si parée, « que voulez-vous dire avec cet ajustement? Ne savez-vous » pas que vous êtes incommodée dans la pièce? Et vous voilà » éveillée et ornée comme si vous alliez à une fête ! Déshabillez-

» vous vite, et prenez un habit convenable à la situation où vous
» devez être. »

On voit ce qu'il en était de Molière sous le rapport du costume,
et quel était son sentiment sur ce sujet. Il n'en était pas de même
de son élève, le grand comédien Baron, si justement célèbre pour
son admirable talent, mais qui ne considérait le vêtement théâtral
que comme un objet destiné à faire ressortir ses qualités physiques.
On nous le montre ici dans un « costume tragique » indéfini, à la
date de 1720, par lequel nous pouvons juger de sa complète insou-
ciance historique. Nous savons d'ailleurs que Baron jouait Cinna
avec un superbe habit de velours noir garni de satin cramoisi, la
longue perruque de l'époque et un chapeau orné de plumes d'un
rouge éclatant. Et quand il s'agit pour lui de représenter Achille dans
Iphigénie, toutes les prières et les objurgations de Racine furent im-
puissantes à lui faire abandonner cette immense perruque frisée à
la Louis XIV, que l'ami de Patrocle n'avait certainement jamais
entrevue dans ses rêves.

Mais pour avoir l'exacte notion du sans-gêne avec lequel, jusqu'au siècle présent, on traitait cette importante et intéressante question du costume au théâtre, il faut voir les trois figures qui nous
offrent, à trois époques différentes, le personnage d'Armide dans
l'*Armide* de Quinault et Lully, jouée pour la première fois à l'Opéra
en 1686. Pour les femmes surtout, l'histoire n'existait pas alors par
rapport au costume ; il s'agissait avant tout pour elles, non seulement d'être « bien habillées, » mais de l'être de façon à être ou à
paraître jolies, et pour cela elles ne voyaient rien de mieux que de
se mettre à la mode du jour. C'est ainsi que le costume de Mlle Le
Rochois à la création d'*Armide*, costume dessiné par Bérain, nous la
montre en riche robe Louis XIV, mousse, corail et argent, surchargée de broderies, avec une couronne couverte d'immenses plumes (1).

_____

(1) Cette coiffure étrange arracha un jour, à une fillette qui regardait
cette figurine en même temps que moi, cette exclamation naïve: « Oh!
elle a son plumet, la demoiselle! » J'ajoute qu'il manquait quelque chose
au costume qu'on nous a ainsi présenté : il y manquait la canne, l'indis-
pensable et fameuse canne, attribut étrange à cette époque des « reines »
d'opéra, dont la Vieville de Freneuse nous a conservé le souvenir, précisément à l'occasion d'*Armide* et de Mlle Le Rochois, en nous complétant
ainsi son costume lors d'une rentrée qu'elle fit à l'Opéra dans cet ouvrage : — « Quand je me représente la Rochois, cette petite femme qui
n'étoit plus jeune, coëffée en cheveux noirs, et ornée d'une canne noire
avec un ruban couleur de feu, s'agiter sur ce grand théâtre qu'elle rem-
plissoit presque toute seule, et tirant de tems en tems de sa poitrine des
éclats de voix merveilleux, je vous assure que je frissonne encore, et que
je n'ai jamais été ému si vivement que je le fus alors... »

Un siècle plus tard, en 1787, Gluck ayant refait la musique d'*Armide*, et l'héroïne se trouvant alors personnifiée par Mlle Maillard, nous voyons celle-ci en brillant costume Louis XVI, coiffée en poudre — et toujours avec des plumes. Et pour continuer cette tradition du costume se modelant absolument sur les modes contemporaines, cette même Mlle Maillard, reprenant le même rôle dix-huit ans après, en 1805, se montre cette fois en grand costume d'apparat des dames du premier Empire, longue robe de satin à taille courte sous les aisselles, grand manteau de cour traînant sur les épaules, la tête coiffée d'un turban ! Cela n'est-il pas caractérisque, et ici la comparaison n'est-elle pas vraiment instructive ? Le costume se transformait, mais il restait aussi fantaisiste, aussi inexact, suivant servilement toutes les fluctuations de la mode ayant cours.

Ne pouvant apporter plus d'ordre dans la description de ces divers costumes qu'on n'en a mis à nous les présenter, je reviens au dix-septième siècle pour en signaler deux, dont le premier est ainsi mentionné : « Prince d'opéra, d'après Bérain. 1688. » Celui-ci est tout à fait étrange, car ce prince, qui porte une tunique romaine, mauve, blanc et or, est coiffé de la perruque Louis XIV avec le casque emplumé, ce qui ne l'empêche pas de compléter son attirail avec un glaive et un bouclier antiques. L'autre est un « Triton dansant, » dont le vêtement, assez original, est orné sur toutes les coutures de coquillages de toutes sortes.

Nous voici décidément au dix-huitième siècle avec le célèbre chanteur Jélyotte, qu'on nous fait voir dans le rôle de Thésée (vers 1754), en un costume absolument burlesque en dépit de sa richesse. Le fils d'Egée, le vainqueur du Minotaure, est vêtu à la grecque, tunique couleur vert d'eau, gris et argent, garnie de perles et de broderies; avec cela, manteau de cour où les perles ruissellent littéralement, longue perruque, et l'éternel casque à plumes. Il est inutile d'ajouter que, comme pour le prince de tout à l'heure, le casque est en carton et le glaive en bois. Ce n'est en effet qu'à partir des environs de 1830 et de la période romantique, où la réforme du costume se dessine enfin nettement, que les armures commencent à être faites en fer ; jusque-là, les casques des guerriers sont toujours en carton simulant le métal, et les cuirasses en drap de moire d'acier, sur lequel des broderies figurent les pièces diverses de l'armure.

Les costumes continuaient, on le voit, d'être aussi ridicules à l'Opéra qu'ils l'avaient été au siècle précédent. On n'était guère plus raisonnable, d'ailleurs, à la Comédie-Française, où nous voyons, en 1778, Mlle Sainval jouer en poudre le rôle de Zénobie dans *Rhadamiste et Zénobie*, la tragédie fameuse de Crébillon. On peut regretter, au point de vue de l'excentricité, que les organisateurs de l' « histoire du costume » n'aient pas eu l'idée de nous offrir celui dont, à la

4

même époque, on avait affublé M{{lle}} Raucourt dans le rôle de Galatée. L'image s'en trouve dans un recueil théâtral du temps : *État de la musique du roi et des trois spectacles* (pour 1776), et la description qu'en a faite Castil-Blaze d'après cette estampe est trop curieuse et trop exacte pour que je me refuse à la reproduire ici : — « En 1775, Larive fit mettre en scène le *Pygmalion* de J.-J. Rousseau. Jeune, belle et d'une taille admirable, M{{lle}} Raucourt avait demandé le rôle de Galatée afin de paraître avec tous ses avantages sous la chlamyde infiniment dégagée d'une statue antique : point du tout. Galatée, la nymphe de la Comédie-Française, était vêtue d'une robe à la polonaise de damas, à grands paniers, pincée au-dessus de la jambe gauche, pour laisser voir des pieds chaussés de mules de satin, à talons minces et fort élevés. De longues engageantes flottaient autour de ses bras pudiquement voilés ; un corset ficelé serrait sa taille de nymphe ou plutôt de guêpe ; et, pour mettre tout à fait cette Galatée à la mode du jour, on l'avait coiffée d'un pouf colossal, orné de bocages verts, et surmonté par trois grandes plumes d'autruche, panache gracieusement pompeux.... » Il n'y aurait pas assez de justes brocards, aujourd'hui, pour accueillir, en un tel personnage, une artiste aussi grotesquement travestie.

Le costume de Lekain dans Gengis Khan, qu'on nous montre à la date de 1755, n'était guère plus raisonnable. On peut supposer que les dessinateurs d'alors n'avaient jamais eu en mains la photographie d'un chef tartare en ses plus beaux atours. Avec une sorte de tunique jaune et gros bleu, le héros de Voltaire porte sur les épaules une fausse peau de panthère, sur la tête un casque de faux métal en carton doré avec de vraies plumes, puis une chaîne encore de faux métal, épaisse et lourde, soutenant un faux glaive de bois, long et effilé comme une aiguille à tricoter.

Du costume d'une danseuse dans le ballet des *Génies élémentaires* (1765), de celui de M{{lle}} Laguerre dans le rôle de la Fortune (1776), je ne vois pas grand'chose à dire, non plus que de celui qui nous représente l'admirable danseuse Clotilde, l'épouse indigne de Boïeldieu, en nymphe de Diane dans *le Retour de Zéphyre* (1802). Celui de Nourrit père dans le rôle d'Ossian (1804) ne manque ni de sévérité ni de caractère [1], mais il faut arriver à Talma jouant Marigny fils dans la fameuse tragédie de Raynouard, *les Templiers* (1805), pour avoir enfin une idée du costume rationnel et vrai. Ce dernier, de même que celui de Lavigne dans Tancrède de *la Jérusalem délivrée* (1812), est mâle et d'une couleur héroïque.

---

[1] Je ne sais si l'on a commis une erreur dans l'attribution du rôle, mais je remarque que c'est Lainez, et non point Nourrit, qui créa celui d'Ossian dans le chef-d'œuvre de Lesueur, *Ossian* ou *les Bardes*, représenté le 10 juillet 1804.

Cette singulière « histoire du costume » en prend à son aise avec l'époque romantique, qu'elle passe entièrement sous silence, alors que c'est précisément à elle qu'est due la réforme profonde et complète à cet égard de nos mœurs et de nos coutumes théâtrales. On peut s'étonner à bon droit, tout en la mentionnant, de cette négligence aussi inconcevable qu'inexplicable. Comment a-t-on pu oublier tout justement ainsi la période caractéristique, celle qui, sous tous les rapports, est une date flamboyante dans l'histoire de notre théâtre, celle où le costume scénique a commencé à prendre toute son ampleur, toute son exactitude, où les comédiens, aidés des auteurs, ont recherché avec tant de soin, tant de conscience, tant de passion, la vérité dans l'ensemble comme dans le détail, la beauté plastique et l'effet pittoresque ? Pourquoi ne pas nous rappeler que pour jouer les chefs-d'œuvre de Victor Hugo, d'Alexandre Dumas, d'Alfred de Vigny, de Félicien Mallefille, les drames de Frédéric Soulié, de Casimir Delavigne, de Maillan, de Rougemont, de Fontan, de M. Lockroy ; de grands artistes tels que Frédérick Lemaître, Bocage. Geffroy, Ligier, Joanny, Jemma, Lockroy, Mélingue, Rouvière, Mᶫᶫᵉ Georges, Mᵐᵉ Dorval, doublaient leur talent par le soin qu'ils apportaient à vêtir, à habiller leurs personnages, et s'efforçaient de frapper tout d'abord l'œil et l'imagination du spectateur, avant même de parler à sa raison, à son cœur, et d'évoquer en lui les sentiments les plus puissants et les plus divers? Toujours est-il que, franchissant délibérément un espace de trois quarts de siècle, de 1812 et de *la Jérusalem délivrée* de Persuis, nous sautons d'un seul bond à 1885 et au *Sigurd* de M. Reyer, où l'on nous offre le costume sombre et superbe porté par M. Gresse dans le rôle de Hagen. Puis, pour clore la série et nous laisser sans doute sur une impression souriante, on offre à nos yeux le costume d'« une danseuse en 1889, » le costume classique aujourd'hui, si l'on peut dire, et sans caractère particulier : corsage vigoureusement décolleté (on pourrait dire *dédossé*), jupe de mousseline très courte sur des jupons bouffants avec le *tutu* invisible et traditionnel, maillot chair et souliers blancs à cordons de satin.

On voit combien est incomplète cette histoire du costume telle que le Champ de Mars nous l'a offerte, et quelles lacunes elle présente. En dépit de ces lacunes pourtant, de vides essentiellement regrettables, elle ne laisse pas que d'exciter un vif intérêt; et si, par suite peut-être du manque de temps, l'effort des organisateurs est resté à la fois capricieux et insuffisant, on n'en doit pas moins leur savoir gré de s'être mis à l'œuvre et d'avoir entrepris la tâche. Vienne une occasion nouvelle, une circonstance propice, et ce premier essai, servant de point de départ, amènera certainement un résultat plus sérieux et plus satisfaisant.

VII

INDUSTRIES THÉATRALES

ACCESSOIRES SCÉNIQUES : CARTONNAGES, BIJOUTERIE ET JOAILLÉRIE, FLEURS
ET PLUMES, ARMURERIE, CHAUSSURES, ETC.

Voici, pour le public, un des côtés les plus mystérieux, les plus inconnus, de la civilisation et de la vie théâtrales. On ne saurait guère se rendre compte, en dehors de ce milieu spécial, de l'importance qu'acquièrent certaines industries particulières dont quelques-unes vivent presque exclusivement de la scène, dont d'autres lui doivent une bonne part de leur activité, de leur succès et de leur prospérité. Telle maison de cartonnages, par exemple, qui aura tourné ses efforts du côté du théâtre, y aura trouvé un élément d'action considérable et qui suffit presque seul à l'emploi et à l'entretien de son nombreux personnel. Voyez, pour n'en citer qu'une, la maison Hallé, dont nous aurons à parler plus loin, qui se vante d'exister depuis 1750, et qui est en France la première de ce genre ! C'est qu'on ne se figure pas ce que c'est, pour une entreprise semblable, que la mise à la scène d'un grand ouvrage pour l'Opéra, d'une riche féerie pour le Châtelet ou d'un drame à spectacle pour la Porte-Saint-Martin, et de quelle importance sont alors ses travaux et ses fournitures ; outre qu'il entre souvent beaucoup de cartonnage dans certains costumes, surtout quand la fantaisie s'en mêle et lorsqu'il s'agit de la figuration, le nombre d'accessoires scéniques indispensables dans des ouvrages de ce genre et se rattachant à une telle industrie est incalculable. Les costumiers, eux aussi, on le comprend, sont de gros seigneurs en ce qui touche le théâtre ; la maison Babin, qui était déjà florissante et en quelque sorte célèbre aux environs de 1820, et qui aujourd'hui est aux mains de M. Chalain, pourrait nous en donner des nouvelles. Celle-là ne travaille pas uniquement pour Paris ; la province lui paie un large tribut, et elle a un matériel immense de location qui roule incessamment sur les chemins de fer. Quant aux cordonniers qui travaillent spécialement pour nos théâtres, ceux-là non plus, on peut le croire, ne restent pas dans l'inaction. En veut-on un exemple ? Il est facile à trouver, si l'on s'adresse à l'Opéra et en ce qui se rapporte seulement à la danse. Pour se faire une idée de la gloutonnerie de ce théâtre en matière de chaussons de danse, il suffira de savoir que les étoiles du ballet reçoivent de l'administration une paire de chaussons par acte, les premiers sujets une paire par soirée, les seconds sujets une paire par trois soirées, les coryphées une paire par six soirées, enfin les danseuses des quadrilles une paire par douze soirées ! Voit-on d'ici à quel besoin de consommation doit répondre l'activité de la maison Crais, fournisseur de l'Opéra ?

Dès sa naissance, d'ailleurs, l'Opéra donna un essor immense à toutes les industries qui pouvaient relever de lui, et celles-ci acquirent aussitôt une importance exceptionnelle. On en trouve la preuve dans ce fait qu'elles sont mentionnées avec détails, dès 1692, dans un petit livre très curieux d'Abraham du Pradel, *le Livre commode des adresses de Paris*, qui est le premier ancêtre de notre *Bottin* actuel. Dans ce livret, au chapitre, ou plutôt à la rubrique *Menus-Plaisirs*, on peut relever les adresses suivantes, touchant les diverses industries théâtrales :

Messieurs Baraillon père, fameux tailleur pour les habits de théâtre, et M. son fils pour les masques et autres choses nécessaires pour les ballets et comédies, demeurent ruë saint Nicaise.

Les sieurs du Creux, au bout du pont Notre Dame, et Boille, rue du Colombier saint Germain, vendent aussi des masques de théâtre et de carnaval.

Mademoiselle Poitiers, vis à vis les Quinze-Vingts, rue saint Honoré, fait des coëffures en cheveux pour les balets et opera.

Les sieurs Frangeon et la Croix, brodeurs des habits pour les balets du Roy, demeurent le premier rue saint Estienne, à la Ville neuve, et l'autre, rue neuve saint Denis, proche la porte.

Le sieur Roussard, plumassier du Roy, tient un grand magasin de plumes pour les balets et tragédies, rue saint Honoré.

Messieurs Cossard et Guerinois vendent toutes sortes d'étoffes or et argent pour les balets, opera et mascarades, ils demeurent ruë saint Denis, près le grand Châtelet.

Autant en fait M. Harlier, ruë de la Coutellerie, qui fait et vend des étoffes brodées or et argent.

Le sieur Careme, qui fait les feux d'artifices de l'Hôtel de ville et de l'Opéra, demeure rue Frementeau.

Le sieur Morel, même talent, demeure rue de Tournon.

On était pourtant encore à cette époque dans l'enfance de l'art, et, de plus, il faut remarquer que trois théâtres seulement existaient alors à Paris : l'Opéra, la Comédie-Française et la Comédie-Italienne. Un siècle plus tard, les choses avaient déjà bien marché, et en 1787 le petit almanach *les Spectacles de Paris* publiait une liste aujourd'hui devenue bien curieuse, celle de tous les fournisseurs de l'Opéra, liste qui comprenait, il est vrai, non seulement les fabricants, les industriels, mais aussi les commerçants, les marchands de toutes sortes, dont les produits ne s'appliquaient pas seulement à la scène, mais à la salle et à toutes les dépendances du théâtre. Ce petit document est vraiment typique, et me semble mériter d'être reproduit à cent ans de distance. Le voici :

FOURNISSEURS DE L'ACADÉMIE

Dhoudan de Villeneuve, poëlier-fumiste et clincailler, grande rue du F.-S.-M. (faubourg Saint-Martin).

Mlles Faugé, marchandes mercières, rue Montmartre, vis à vis S. Joseph.

Perreau de Villeneuve, marchand d'étoffes de soie, rue des Mauvaises Paroles, N 19.

Hallé, successeur du sieur Bignon, fabriquant de masques et cabochons, rue de l'Arbre-Sec (1).

Renault, ferblantier et entrepreneur du luminaire, rue de la Monnoie.

Noquet, imprimeur sur étoffes, rue de la Tisseranderie.

Collard, graveur, quai de la Mégisserie.

Liger, fourbisseur, rue Coquillère, près celle des vieux Augustins.

Dumas, serrurier, rue et porte S. Honoré.

Bleterie, arcquier (fabricant d'arcs), Porte saint Michel.

Lauriau fils, cordier, rue saint Denis.

Laubry (veuve), chapelière, rue S. Nicaise.

Guerrier, vitrier, rue de l'Arbre-sec.

Lucas, plombier-fontainier, rue S. H. (Saint-Honoré).

Chevreau, marchand papetier, rue S. Denis, au coin de l'ancien grand Cerf.

Renaudin, luthier, rue saint Honoré, près l'Opéra.

Tessier, fourreur, rue de la vieille Draperie.

Benard, artificier du Roi, rue S. Maure.

Farin, nattier, près l'Égout Montmartre.

Leguay, vannier, place de la Bastille.

Lenoble, tourneur, rue saint Benoît, à côté de celle des deux Anges.

Nattier (v^{re}), fleuriste, rue du grand Hurleur.

Bruno, *dit* Notrelle, perruquier, rue des Remparts.

Borne, cordonnier, rue des Boucheries S. H.

Sauvat, tapissier, au magasin, F. du T. (faubourg du Temple), au coin de la rue Fontaine au Roi.

Leurain, brodeur, rue Bourg-l'abbé, vis-à-vis celle du grand Hurleur.

Bellanger (V^{re}), boisselière, rue des Petits-Carreaux, au coin de celle de S. Sauveur.

Bignon, marchand de musique, Place du Palais, vieux Louvre.

Racasiol, marchand de bois de menuiserie, grande rue du F. S. A. (faubourg Saint-Antoine).

---

(1) En 1791, Hallé, dont la maison n'a cessé jusqu'à ce jour d'être au service de l'Opéra, était ainsi mentionné, d'une façon plus complète, au nombre des fournisseurs de la Comédie-Française: « fabriquant de masques, casques, cabochons *et tout ce qui concerne le carton.* »

Thieri fils, fabriquant de gaze, rue S. Denis, vis à vis celle du Ponceau.

Leprince père et fils, fabriquant de bougies du Mans, rue de Grenelle, au coin de celle des deux Écus.

Rollet, marchand fabriquant de lacets, rue aux Fers.

Verdier, fournisseur de gants, hôtel Soissons, rue Mercière.

Maillot, bonnetier, rue saint Honoré, près saint Roch.

Briard, parfumeur, rue saint Victor.

Renard, marchand de couleurs, rue des Arcis.

Potier, marchand de bois à brûler.

Donnebecq, plumassier, rue de Grenelle saint Honoré.

Vatinelle, marchand de fer, carrefour de la Croix rouge.

Pautonnier, marchand de bois de bateaux, Isle des Cygnes.

Tout ce qui concerne les accessoires scéniques, je l'ai dit, acquiert une grande importance. L'industrie du costume, qui ne saurait se borner au vêtement proprement dit, à elle seule entraîne à sa suite les perruquiers (dont le métier devient presque un art, si on le considère d'une part au point de vue de l'élégance et de la précision du travail, de l'autre au point de vue de la recherche et de l'exactitude historiques), les bonnetiers (surtout pour les maillots), les fleuristes, les plumassiers, les joailliers et bijoutiers. Viennent ensuite les armuriers, puis les tapissiers, puis les cartonniers, puis les parfumeurs spéciaux, fabricants de blanc et de rouge pour la peau, etc.. etc. Et je n'aurais garde d'oublier encore les artificiers, nécessaires dans les pièces où, comme le *Prophète*, *Mignon*, *la Madone des roses*, on simule un incendie sur la scène, non plus que les faiseurs de trucs, dont le rôle est si important dans tous les ouvrages où l'élément fantastique est mis en jeu (1).

Si nous faisons, à l'extérieur, le tour de la rotonde de l'exposition théâtrale, nous la voyons garnie de toutes parts d'objets curieux et intéressants. Sous le nom de la maison Babin (Chalain, successeur), toujours si renommée, ce sont d'abord trois mannequins de grandeur naturelle, vêtus de costumes riches et pleins d'élégance. Deux sont de l'époque de la Renaissance et représentent deux gentils-

---

(1) Il fut un temps où cette industrie toute spéciale était très florissante. Certains artisans s'ingéniaient à trouver des trucs nouveaux, curieux, inconnus, parfois d'une complication extrême, ils en construisaient les maquettes, et s'en allaient chez un auteur en renom pour lui soumettre leurs petits chefs-d'œuvre et les faire fonctionner devant lui. (Feu Clairville et M. d'Ennery ont eu plus d'une fois affaire à ces ouvriers, dont l'habileté était prodigieuse.) L'auteur sollicité faisait son choix dans ce qu'on lui proposait, achetait la propriété de ces petites machines vraiment curieuses, et fabriquait ensuite une féerie dans laquelle il introduisait les trucs susdits, que le machiniste du théâtre n'avait plus qu'à construire en grand d'après les modèles.

hommes du temps de Henri II. L'un a le pourpoint et les canons de satin blanc, le maillot blanc, toque et manteau de velours ; le costume de l'autre est entièrement violet, pourpoint, canons et maillot de soie, toque et manteau de velours. Le troisième mannequin nous montre un seigneur Louis XV en costume de cour : habit de velours bleu brodé or, à parements blancs, culotte velours bleu, veste blanche. Ces trois figures sont d'un très heureux effet.

La maison Leblanc-Granger (Richard Gutperle, successeur) a obtenu très justement une médaille d'or pour sa belle exposition d'armures de théâtre. Il y a là deux armures sévères de fer du quinzième siècle, deux armures brillantes de cuivre du seizième, qui sont vraiment d'un beau caractère. Il est impossible d'obtenir un meilleur résultat et de pousser plus loin la perfection. Avec cela des boucliers et des casques de style, des trophées d'armes superbement disposés et d'un aspect tout à fait remarquable.

La maison Gaston Thomas expose aussi deux belles armures, qui nécessitent des éloges. Je rappelle à ce propos que cette maison s'est signalée, dans la rotonde même, par une exhibition d'un autre genre, toute une grande vitrine remplie de très jolis objets de bijouterie et de joaillerie théâtrales : bagues, bracelets, rivières, colliers, couronnes, diadèmes, chaînes de col, boucles de jarretières et de chaussures, ordres de chevalerie, éperons, stylets, poignards, etc. Tout cela est plein de richesse et d'élégance, d'un effet charmant et d'un goût parfait.

Une exposition très curieuse, très intéressante et vraiment originale est celle de la maison Bor, qui, en deux groupes, sur deux fûts de colonnes, a disposé toute une abondante série de chaussures historiques d'un véritable caractère et d'une scrupuleuse exactitude. Sandales, brodequins antiques et modernes, souliers à la poulaine, bottes à entonnoir, mules, chaussons de danse, bottes à revers, bottes à l'écuyère, bottines diverses, galoches, sabots, escarpins, il y en a là de tous les temps, de toutes les formes et pour tous goûts, sans compter les chaussures de fantaisie, le tout en modèles exécutés avec un soin et une conscience rares et qu'on ne saurait trop louer. Il est à regretter seulement que, l'espace ayant sans doute manqué, on n'ait pas pu, au lieu de les grouper ainsi, de les masser en quelque sorte, disposer toute cette série de chaussures de façon qu'elles se présentent dans un ordre chronologique et qu'elles offrent comme un raccourci de l'histoire de la chaussure.

L'exposition de la maison Crais, uniquement et uniformément composée de chaussons de danse, n'appelle aucune remarque particulière. On ne peut, en la signalant, que louer la légèreté, la grâce et la parfaite élégance qui distinguent ces produits de ses ateliers.

Je ne saurais guère faire davantage en ce qui concerne la maison Martineau, qui a exposé de nombreuses et fort jolies guirlandes de fleurs et de feuillages fantastiques (1).

J'arrive aux cartonnages de la maison Hallé, qui lui ont fort justement valu une médaille d'argent, et qui montrent à quel point on peut en ce sens pousser l'illusion scénique. Les deux vases égyptiens, les quatre vases pompéiens et les deux vases grecs qui figurent là, remarquables par le fini et la perfection du travail, sont d'une exécution irréprochable. J'en dirai autant de divers trophées et faisceaux romains, d'un élégant trophée d'instruments de musique, de deux belles corbeilles de fruits et d'un trophée égyptien qui complètent cette exposition, avec deux vases gigantesques qui sont placés de chaque côté, au sommet de la rampe de l'escalier qui conduit au premier étage. Mais ce n'est pas tout pourtant, et j'ai découvert par hasard dans une autre section, celle du mobilier, où je ne l'eusse certes pas cherchée, une autre exposition, très originale et très curieuse, faite par la même maison. Il s'agit, cette fois, de la représentation exacte et complète d'une cuisine, — avec sa cuisinière, qui penchée sur sa marmite, semble en surveiller et en vouloir presser l'ébullition. A part ce mannequin, fort bien arrangé d'ailleurs, tous les objets reproduits ici sont des fruits de cette industrie du cartonnage, devenue si prodigieusement habile à Paris ; la grande cheminée de campagne, aux angles de laquelle deux personnes pourraient aisément s'asseoir, la marmite suspendue à la crémaillère et sous laquelle il semble qu'on entende crépiter le bois qui brûle, le dressoir avec sa vaisselle bien rangée et soigneusement alignée, les tables chargées de poissons, de volailles, de fruits, de légumes, de fromages, les plats, les assiettes, les pots, les couteaux, enfin les ustensiles de tout genre et de tout usage qu'on a coutume de trouver en pareil lieu. Comme forme, comme ton, comme couleur, tout cela est d'une imitation parfaite, merveilleusement arrangé, exécuté avec un rare talent, et tromperait l'œil le plus exercé. Juste au-dessus et comme pour faire contraste, dans un espace resté vide, la même maison, toujours, a imaginé de produire un tableau d'un tout autre genre et de représenter comme une sorte de scène de féerie, vivante et animée. Sous un ciel bleu, éclairé d'une lueur vive, on voit une nymphe des eaux, une naïade quelconque, entourée de deux tritons qui lui font escorte, glisser lentement et gracieusement sur l'onde où elle semble se jouer avec ses compagnons. Ceci est tout à fait charmant, et

(1) Tous les objets fabriqués exposés dans la rotonde ou ses dépendances portaient cette mention spéciale : « Exposition théâtrale. Fournisseurs des théâtres subventionnés. Maison... »

l'on ne saurait, sans l'avoir vu, se faire une idée des résultats vraiment surprenants obtenus par une telle industrie.

J'en ai dit assez, je pense, en ces quelques pages, pour faire ressortir toute l'importance de cette partie de l'exposition théâtrale. Sans qu'il soit besoin d'insister plus longuement sur ce sujet, le lecteur comprendra facilement tout l'intérêt qui s'attache, en dehors ou à côté du décor et du costume proprement dits, à tous les objets de second ordre, mais si nécessaires, qui, complétant avec eux le matériel scénique, concourent pour leur part, d'une façon puissante, à procurer au spectateur la plus grande somme d'illusion possible et à présenter à ses yeux la fiction théâtrale avec toute l'apparence de la réalité (1).

---

(1) En Italie, les industries spéciales au théâtre sont aussi très vivaces et très florissantes, et dans toutes les grandes villes d'importantes maisons s'y attachent particulièrement. J'ai pu relever à ce sujet, entre autres, les noms suivants : à Milan, Brunetti-Chiappa, costumes ; Biraghi et fils, bijouterie et joaillerie théâtrales ; Napoleone Corbella, « costumes, diadèmes, décorations, armures, quincaillerie, etc. ; » Bertolotti, Cazzola, cordonnerie théâtrale : Ercole Sermani, « fournisseur de décors » ; Ernesto Pozzolo, maillots, bonneterie théâtrale, cottes de maille, etc. ; Enrico Beati, « tissus de mailles en soie, laine et coton, » maison qui se dit la seule chargée des fournitures du théâtre de la Scala ; Edoardo Rancati, accessoires, armures, joaillerie de théâtre ; Verregoni, perruquier, « fournisseur du théâtre de la Scala et des principaux théâtres de l'Italie » ; à Naples : Carlo Guillaume, costumes ; à Turin : Barbagelato, costumes ; à Florence : Luigi Tani, accessoires et fournitures diverses de théâtre ; puis, Robba pour les fleurs et plumes, Panni et Fratalocchi pour la bonneterie théâtrale et les maillots, Nobili pour les coiffures et perruques, etc., etc. — A Paris, il faudrait encore citer, parmi les fournisseurs et fabricants d'accessoires de théâtre, les maisons Lerat, Rouget, Armand, la parfumerie Mothiron, spéciale pour le théâtre, et d'autres dont les noms m'échappent.

VIII

ARCHITECTURE ET MACHINERIE THÉATRALES

Nous n'en avons pas fini avec la galerie supérieure du palais des Arts libéraux, et nous allons cette fois nous trouver en présence d'une des manifestations les plus neuves et les plus curieuses auxquelles ait donné lieu l'exposition relative au théâtre. Je veux parler de la reconstitution exacte, à l'aide de documents d'une authenticité incontestable, et sous la forme de maquettes établies avec une fidélité scrupuleuse, de quelques-unes des plus anciennes salles de spectacle qu'ait possédées Paris: celle de l'Hôtel de Bourgogne lors de sa seconde occupation par la Comédie-Italienne; celle qui, édifiée au Palais-Royal par les soins du cardinal de Richelieu pour les représentations de sa tragédie de *Mirame*, servit ensuite à Molière et à sa troupe, puis devint celle de l'Opéra de Lully; la fameuse salle dite des Machines, construite en 1661 aux Tuileries par Vigarani pour les grands spectacles de la cour, et qui, longtemps abandonnée, abrita plus tard le Spectacle en décoration de Servandoni, servit un instant de refuge à l'Opéra (après l'incendie de 1763), puis à la Comédie-Française (c'est là qu'eut lieu le couronnement de Voltaire), et enfin fut occupée en 1789 par le Théâtre de Monsieur, jusqu'au jour où la Convention y tint ses mémorables séances; enfin, la salle que la Comédie-Française se fit construire en 1689 au jeu de paume de l'Étoile, rue Neuve-des-Fossés (aujourd'hui rue de l'Ancienne-Comédie), et où elle demeura jusqu'en 1770.

Procédons par ordre, et commençons par l'Hôtel de Bourgogne, le plus ancien théâtre régulier qu'ait connu Paris. Il va sans dire que nous ne le verrons pas ici tel qu'il était au temps où les Confrères de la Passion l'avaient fait aménager à leur usage, ni même à l'époque où nos premiers grands comédiens français s'y faisaient les interprètes des comédies de Boisrobert et de Quinault, des tragédies de Corneille et de Rotrou. J'ai dit qu'il s'agissait de la seconde période de la Comédie-Italienne, celle qui s'étend de 1716 à 1783, et nous touchons même à la fin de cette période, celle où, malgré son ancien titre, ce théâtre est devenu presque exclusivement français, et où il s'adonne surtout au genre de la « comédie à ariettes, » c'est-à-dire de l'opéra-comique. En effet, la maquette qui nous représente l'ancienne salle de la rue Mauconseil a été établie d'après un dessin de Wille fils, conservé au cabinet des estampes de la

Bibliothèque nationale, et qui est daté de 1767. Ce dessin, qui donne l'ensemble de la salle et de la scène, a été pris pendant une représentation de *Rose et Colas*, le gentil petit chef-d'œuvre de Sedaine et Monsigny, dont il nous montre un épisode : Mathurin est assis, à droite, auprès du rouet, écoutant Rose et Colas, qui sont debout devant lui.

Il est évident que les anciens Comédiens-Italiens, en prenant possession de la salle de l'Hôtel de Bourgogne, avaient dû la modifier selon les coutumes de leur pays, et que ceux qui prirent en 1716 leur succession avaient laissé les choses en l'état. Aussi voit-on ici que, selon ces coutumes, l'avant-scène pénètre profondément dans la salle, presque jusqu'aux deux tiers, et que les acteurs, laissant bien loin derrière eux le manteau d'Arlequin, sont littéralement entourés, on pourrait dire enveloppés par le public ; c'est ce que nous voyons encore aujourd'hui en Italie, surtout dans les grands théâtres lyriques, comme la Scala de Milan, qui peut être considérée comme le type de ceux-ci. La scène est éclairée, par en haut, à l'aide de deux lustres à bougies, placés l'un à droite, l'autre à gauche. Quant à la salle, elle comporte trois rangs de loges, dont les balcons sont décorés avec goût, le second rang étant orné d'une série de lyres peintes sans doute lors d'une réparation récente, et depuis que le théâtre s'était surtout consacré à la représentation de pièces musicales. La maquette, très aimable et très vivante, nous montre ces loges garnies d'un nombreux public. L'effet d'ensemble est tout à fait charmant.

Avec la gouache très curieuse dont on verra plus loin la description et qui, en reproduisant l'épisode de l'expulsion des premiers Comédiens-Italiens en 1697, nous donnait une vue extérieure de leur théâtre (1), avec le dessin de Wille fils et cette maquette qui a servi à l'établir, nous pouvons aujourd'hui nous faire une idée exacte, précise, non seulement de l'aspect architectural de l'ancien Hôtel de Bourgogne, vu du dehors, mais de ce qu'était, intérieurement et extérieurement, cet aimable théâtre de la Comédie-Italienne dans la seconde moitié du dix-huitième siècle, c'est-à-dire au temps de sa plus grande vogue et de sa plus complète splendeur.

La seconde maquette est ainsi désignée : « Salle du Palais-Royal, construite pour le cardinal de Richelieu, transformée et occupée par Molière, 1660-1673, puis par l'Opéra, 1673-1763. » Cette salle en effet fut celle que le cardinal, qui, on le sait, aimait beaucoup le théâtre et prétendait en faire lui-même, fit élever dans son palais par les soins de Le Mercier, pour sa fameuse tragédie de *Mirame*, écrite avec Boisrobert, et dont la représentation date de 1639. Le succès

---

(1) *Voy.* Ch. IX : *Estampes, dessins et portraits.*

assez fâcheux de cette pièce le découragea au point de laisser sans
destination un théâtre qui était considéré comme le plus beau qu'il
y eût alors en France. La maquette nous offre la coupe longitudinale de la scène et de la salle après les modifications que Molière
leur eut fait subir non seulement lorsqu'il vint s'y établir le 20 janvier 1661, mais après le remaniement auquel il les soumit dix ans
après. Ce modèle nous présente la scène complètemente nue, sans
aucun décor, et meublée seulement des portants destinés à recevoir
et à supporter les faux-châssis des coulisses, de sorte qu'on voit les
quatre fenêtres qui percent les murs en haut, sur le côté situé à
droite de l'acteur, et les deux qui donnent sur le corridor du cintre.
On a seulement fait figurer sur la scène deux personnages, deux
danseurs, pour donner une idée exacte des proportions. En décrivant ce théâtre, Sauval dit, dans ses *Antiquités de Paris:* « La manière de ce théâtre est moderne, et occupe, ainsi que je l'ai dit,
une longue salle couverte, et quarrée longue. La scène est élevée à
un des bouts, et le reste occupé par vingt-sept degrés de pierre,
qui montent mollement et insensiblement, et qui sont terminés par
une espèce de portique, ou trois grandes arcades; mais cette salle
est un peu défigurée par deux balcons dorés, posés l'un sur l'autre
de chaque côté, et qui, commençant au portique, viennent finir
assez près du théâtre. » La Bibliothèque nationale possède un dessin qui représente la salle du Palais-Royal à la suite des transformations dont elle fut l'objet d'abord de la part de Molière pour sa
troupe, ensuite de la part de Lully pour l'Opéra. C'est d'après ce
dessin, document absolument authentique, qu'a été établie la
maquette dont il est ici question. On y voit, en premier lieu, que les
deux balcons dorés qui la défiguraient, au dire de Sauval, ont été
remplacés par trois rangs de loges qui contournent la salle, et, en
second lieu, que le plancher de celle-ci a été considérablement
exhaussé, puisque, sous les bancs de l'amphithéâtre, on peut aper-
cevoir les degrés de pierre dont parle l'écrivain et sur lesquels on
plaçait des sièges destinée aux nobles invités que le cardinal en-
gageait à venir voir chez lui la comédie.

La salle du Palais-Royal, rendue publique en 1661, fut détruite,
le 6 avril 1763, par un incendie qui coûta la vie à deux capucins.
Elle avait donc eu une existence active d'un peu plus d'un siècle,
et l'Opéra y avait séjourné pendant quatre-vingt-dix ans. Durant les
premières années de son occupation par ce théâtre, elle avait retenti
des nobles accents de Lully, et les dernières lui firent connaître tous
les chefs-d'œuvre de Rameau (1). Elle vit donc deux des périodes

---

(1) Rameau mourut le 12 septembre 1764.

les plus brillantes et les plus mémorables de l'histoire de la musique dramatique française. Et si l'on songe qu'elle vit représenter auparavant la plupart des œuvres maîtresses de Molière et quelques-unes de Corneille et de Racine, on peut dire qu'elle tient une place à part, et singulièrement importante, dans les annales de notre théâtre.

Après celle-ci nous trouvons une reproduction très remarquable de la fameuse Salle des Machines, construite aux Tuileries en 1661, pour les grandes fêtes de la cour. Cette maquette, comme la précédente, nous donne, non l'ensemble complet, mais la coupe longitudinale de ce théâtre immense et somptueux, qui émerveilla si fort les contemporains et qui ne fut rendu public qu'après quatre-vingts ans écoulés. C'est le célèbre architecte-peintre-mécanicien italien Vigarani, qui, sur l'ordre de Louis XIV, l'édifia pour les représentations des riches ballets dont ce prince était si friand et dans lesquels on sait qu'il ne dédaignait pas de danser en personne. On lui donna le nom de « Salle des Machines, » parce qu'il avait été aménagé de façon à produire les effets matériels les plus compliqués et les plus surprenants, et à déployer au point de vue scénique une magnificence inconnue jusqu'alors. Il fut inauguré le 7 février 1662 par la représentation d'un opéra italien de Cavalli, *Ercole amante* (*Hercule amoureux*), dont la splendeur stupéfia littéralement les nobles assistants. L'abbé de Pure dans son livre : *Idée des spectacles anciens et nouveaux*, publié en 1668, a donné de ce théâtre une description qu'on chercherait vainement ailleurs; il nous fait connaître ses vastes proportions, et nous met au courant des prodiges opérés par le jeu des machines :

Le corps de la sale est partagé en deux parties inégales. La première comprend le théâtre et ses accompagnemens. La seconde contient le parterre, les coridors et loges, qui font face au théâtre, et qui occupent le reste du salon de trois côtez, l'un qui regarde la cour, l'autre le jardin, et le troisième le corps du palais des Thuileries.

La première partie, ou le théâtre, qui s'ouvre par une façade également riche et artiste, depuis son ouverture jusqu'à la muraille qui est du costé du pavillon, vers les vieilles escuries, a de profondeur vingt-deux toises. Son ouverture est de trente-deux pieds sur la largeur, ou entre les coridors et chassis qui règnent des deux costez. La hauteur ou celle des chassis est de 24 pieds jusques aux nuages. Par dessus les nuages, jusqu'au tiran du comble, pour la retraite, ou pour le mouvement des machines, il y a 37 pieds. Sous le plancher ou parquet du théâtre, pour les enfers, ou pour les changemens des mers, il y a quinze pieds de profond.

C'est sur ces espaces que le sieur Charles Vigarany, outre plusieurs autres surprenantes machines, en a fait marcher une de 60 pieds de profondeur sur 45 de largeur, et a eu la hardiesse d'y porter toute la maison royalle, et pour le moins 60 autres personnes tout à la fois, avec autant d'estonnement de la facilité de ceux qui le permirent que d'admiration de l'assurance de l'entrepreneur et de la beauté de l'ouvrage (1.)

La seconde partie, ou celle du parterre, qui est du costé de l'aparte-ment des Tuilleries, a de largeur entre les deux murs 63 pieds, entre les coridors 49. Sa profondeur depuis le théâtre jusqu'au susdit apartement est de 93 pieds: chaque coridor est de six pieds, et la hauteur du par-terre jusqu'au platfonds est de 49 pieds. Ce platfonds a deux beautez aussi richer que surprenantes, par sa dorure et sa dureté. Celle-cy est toutefois la plus considérable, quoy que la matière en soit commune et de peu de prix, car ce n'est que du carton, mais composé et pétry d'une manière si particulière, qu'il est rendu aussi dur que la pierre et que les plus solides matières. Le reste de la hauteur jusqu'au comble, où sont les roüages et les mouvemens, est de 62 pieds.

Voilà pour les proportions et l'ensemble de l'édifice, et l'on voit que la salle proprement dite était immense. La vue que nous en offre la superbe maquette exposée au Champ de Mars nous la présente en effet comme grandiose. La scène, de son côté, n'était pas moins vaste, ainsi qu'on peut s'en rendre compte par les me-sures qui précèdent. Six plans seulement s'en trouvent indiqués sur cette maquette ; mais on sait, à n'en pas douter, qu'elle en comportait bien davantage. Il suffira d'ailleurs, pour donner une idée de son étendue, de faire connaître la transformation dont elle fut l'objet plus tard, c'est-à-dire lorsqu'après l'incendie qui détrui-sit l'Opéra en 1763, ce théâtre vint provisoirement, la cour habi-tant alors Versailles, s'installer aux Tuileries en attendant la re-construction de sa salle du Palais-Royal. Sur le seul emplacement de la scène, Soufflot et Gabriel furent alors chargés d'élever un nouveau théâtre qui comprendrait la salle et la scène, et celui-ci était encore assez vaste pour que les deux architectes, se confor-mant aux ordres qui leur étaient donnés, pussent reproduire la forme et la distribution du théâtre incendié, « afin, disait le *Mer-cure de France*, que les locataires des loges s'y retrouvassent dans les mêmes positions sans qu'il fût besoin de passer de nouveaux baux (2). » De la salle spécialement on fit alors un vaste magasin qui servait à serrer et à remiser les décors et le matériel. C'est ce théâtre, ainsi refait, qui, dès que l'Opéra l'eut quitté pour aller s'établir de nouveau au Palais-Royal (1770), fut occupé pendant dix ans par la Comédie-Française, dont la salle commençait à me-

---

(1) On assure en effet que, dans une superbe apothéose, Louis XIV ne craignit pas de se faire enlever ainsi sur une « gloire » entourée de nuages.

(2) Huit mois furent employés à cette transformation. Les dépenses s'éle-vèrent à la somme de 409,555 livres.

nacer ruine; c'est lui qui, en 1789, servit durant quelque temps à l'exploitation du nouveau Théâtre de Monsieur; c'est lui enfin qui, de nouveau transformé pour un nouvel usage, devint le siège de la Convention lorsque cette assemblée quitta la salle du Manège, où venaient de se dérouler les épisodes émouvants du procès de Louis XVI.

Mais nous n'en avons pas fini avec la description de l'abbé de Pure, qui va nous donner quelques derniers renseignements sur les dégagements et les dépendances de l'immense salle des Machines :

Les portes grandes et commodes pour les entrées et pour les issues, des escaliers pour aller aux coridors, des galeries secrètes par où le Roy, après avoir dancé, peut se retirer dans sa loge pratiquée au fonds de la sale et au point de veuë du théâtre, toutes ces sortes de commoditez, dis-je, n'y ont pas esté oubliées. Mais la plus mignonne et la plus aparante est une porte pratiquée du costé de l'apartement des Tuilleries, et qui rend dans une petite gallerie et ensuite dans une espèce de loge pour la Reine, où est son haut dais.

La commodité ne s'en peut exprimer. Car outre que l'entrée en est particulière, la disposition en est telle qu'une princesse est, toûjours et sans besoin de ses gardes, séparée de la foule par la construction des grilles de fer bien dorées et apropriées avec tous les soins, toute l'intelligence et toute la magnificence possible.

Les ornemens n'en peuvent point estre fidellement descrits, car ceux du théâtre sont changeans et ne durent qu'autant que les représentations qui s'y font. Les autres y sont épars avec tant d'art et tant d'agrément, qu'il n'y a que les yeux qui puissent satisfaire sur cette curiosité. Je ne puis toutefois passer sous silence les accompagnements extérieurs pratiqués dans le pavillon qui joint la salle, tant pour la commodité du prince, quand il fait quelque balet, que pour celle de ses danceurs. Car il y a de grandes salles, de belles chambres, avec les escaliers dégagez, où le Roy, les princes, les dames peuvent s'habiller, et se coëffer séparément. Les danceurs communs ont diverses chambres où ils peuvent placer seurement leurs mannes et leurs habits, où ils peuvent changer selon les diverses entrées qu'ils peuvent dancer, sans crainte et sans embarras, et sans souffrir de froid. Les ouvriers ont de grands et spacieux celiers, où ils peuvent tout le long de l'année travailler ou à des machines nouvelles, ou à la conservation des vieilles. Les brodeurs, tailleurs, plumaciers, peintres, faiseurs de masques et autres ouvriers nécessaires ont des galtas et tout l'air, le jour et l'espace qu'ils peuvent désirer pour dorer, peindre et sécher tous les ouvrages de leur façon.

La maquette du Champ de Mars nous montre précisément la porte dont l'abbé de Pure fait un si grand éloge, et qui servait d'entrée particulière à la reine. Cette porte était surmontée de l'écusson royal. Elle s'ouvrait sur un très large espace vide qui s'étendait entre la salle et la scène, et que la reine parcourait évidemment « séparée de la foule, » comme le dit l'écrivain, pour aller joindre sa loge. Deux grandes galeries entouraient la salle dans toute son étendue, supportées par une rangée de colonnes et situées à une assez grande hauteur pour que, au-dessous de la première de ces galeries, et en retrait, pour ainsi dire, on vît sur chacun des côtés ainsi qu'au fond, une sorte de petit balcon divisé en trois parties, qui semblait fiché dans la muraille et qui formait comme trois espèces de petites loges. Tout le reste de la salle était occupé par des banquettes et des gradins qui, au fond, s'étageaient en amphithéâtre et s'élevaient jusqu'à celui de ces balcons qui faisait face à la scène.

Cette salle, d'un caractère vraiment grandiose, ne servit pourtant que pendant peu d'années, et fut assez promptement abandonnée. Il y avait fort longtemps déjà qu'elle restait inutile, lorsqu'en 1738 le fameux architecte et peintre Servandoni, dont le talent tout particulier révolutionna l'art de la décoration scénique, obtint l'autorisation d'y ouvrir son « Spectacle en décoration, » qui attira tout Paris et qui a laissé une trace dans les annales du théâtre en France. Il représentait là des pantomimes accompagnées de musique, dont l'action n'était guère qu'un prétexte, et dans lesquelles on venait surtout admirer la splendeur des décors et les merveilles de la machinerie. Vers 1742, Servandoni renonça à cette entreprise, puis la reprit, toujours aux Tuileries, depuis 1754 jusqu'en 1757. A partir de cette dernière date, il ne fut plus question de la salle des Machines jusqu'au jour où elle fut transformée, comme je l'ai dit plus haut, pour donner asile à la Comédie-Française. On a vu ce qu'elle devint par la suite, et que la Convention finit par y tenir ses séances. Ce n'est pas tout. Abandonnée de nouveau après sa courte existence politique, elle fut l'objet d'une dernière transformation. Sur son emplacement, Napoléon Ier fit construire la chapelle et le théâtre particulier des Tuileries, théâtre où, sous son règne et sous celui de Louis-Philippe, comme sous le second empire, les artistes des scènes subventionnées étaient appelés assez fréquemment à donner des représentations devant le souverain et ses invités. Ce théâtre subit le sort du palais lui-même et disparut dans l'incendie de 1871. Les gros murs, que le feu avait épargnés, ne furent abattus qu'en 1873.

L'une des plus intéressantes parmi ces maquettes, et l'on va voir pourquoi, est celle qui reproduit la « salle de la Comédie-Française, rue Neuve-des-Fossés, aujourd'hui de l'Ancienne-Comédie, 1689-1770. » Grâce à un dessin très exact de l'*Architecture française* de Blondel, on a pu reconstituer ce théâtre avec une précision rigoureuse, non seulement en ce qui concerne l'ensemble et la forme générale ainsi que les plus petits détails, mais aussi relativement aux proportions, qui, pour cette maquette comme pour les précédentes, ont été établics à l'échelle de trois centimètres par mètre. Il y a plus : ce dessin de Blondel — et c'est ce qui est particulièrement intéressant — ce dessin, auquel il semble que personne jusqu'ici n'eût fait attention sous ce rapport, a permis, ce qu'on n'avait encore jamais essayé, de reproduire avec une précision absolue l'aménagement des banquettes où l'on sait que, sur la scène même, certains spectateurs venaient prendre place, au grand ennui du public de la salle et au grand·détriment encore du jeu des acteurs, interrompus à chaque instant par l'entrée bruyante d'un gentilhomme désireux de se faire remarquer, et gênés dans leurs mouvements par l'excessive exiguïté de l'espace qu'un usage absurde laissait à leur disposition.

On sait en effet qu'au dix-septième siècle et pendant une bonne partie du dix-huitième, le public était admis sur la scène de la Comédie-Française, embarrassée ainsi par une foule de gens de condition : courtisans, petits-maîtres, grands seigneurs, financiers, qui venaient là non pour jouir personnellement du spectacle, mais pour se donner en spectacle eux-mêmes et se montrer à cette place, d'autant plus recherchée par eux qu'elle coûtait plus cher que les autres. Molière, qui ne laissait échapper sans le fouailler aucun ridicule, a daubé celui-ci dans *les Fâcheux*, avec sa verve ordinaire, en présence de ceux mêmes qui s'en rendaient coupables ; on se rappelle ces plaintes ironiques d'Ergaste :

> J'étois sur le théâtre en humeur d'écouter
> La pièce, qu'à plusieurs j'avais ouï vanter ;
> Les acteurs commençoient, chacun prêtoit silence,
> Lorsque d'un air bruyant et plein d'extravagance,
> Un homme à grands canons est entré brusquement
> En criant : Holà! ho ! un siège promptement!
> Et, de son grand fracas surprenant l'assemblée,
> Dans le plus bel endroit a la pièce troublée.
>
> . . . .
>
> Tandis que là-dessus je haussois les épaules,
> Les acteurs ont voulu continuer leurs rôles :
> Mais l'homme pour s'asseoir a fait nouveau fracas,
> Et, traversant encor le théâtre à grands pas,
> Bien que dans les côtés il pût être à son aise,
> Au milieu du devant il a planté sa chaise,
> Et, de son large dos narguant les spectateurs,
> Aux trois quarts du parterre a caché les acteurs.

Cela se passait ainsi du temps de Molière. Plus tard sans doute les chaises furent interdites, et les *poseurs* d'alors durent se contenter des banquettes qui leur étaient réservées. Mais si notre his-

toire théâtrale a enregistré cet étrange et ridicule usage des banquettes sur le théâtre, on ne savait pas au juste, jusqu'ici, comment
elles étaient disposées et quel aspect elles offraient sur la scène. C'est
justement là ce que le dessin de Blondel a permis d'établir et de reproduire avec précision, et ce qui nous vaut une vue exacte de la scène
de la Comédie-Française telle qu'elle était occupée à la fois par les
acteurs et les spectateurs. L'avant-scène se prolongeait dans la salle
fort en avant du manteau d'arlequin, et les banquettes, dont on trouvait
cinq rangs de chaque côté, disposés en longueur, commençaient à la
rampe, très serrées les unes contre les autres, pour s'enfoncer jusqu'au second plan de la scène, mais en s'espaçant alors considérablement, de façon que l'espace laissé libre aux acteurs prenait la
forme d'une sorte de grand entonnoir dont l'orifice était précisément devant la rampe. L'effet produit était exactement celui-ci :

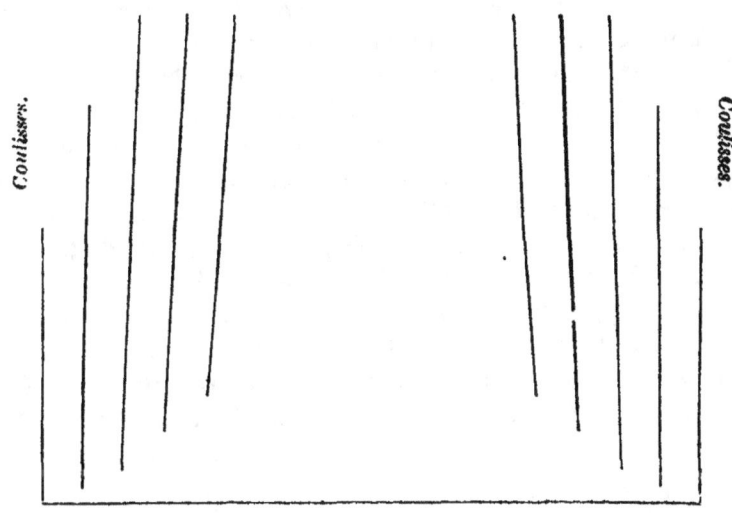

Avant-scène et rampe.

Sans parler du bruit qui les importunait, de la distraction qui
leur était causée, on devine, malgré la balustrade qui s'étendait devant cette double rangée de banquettes, combien une telle disposition
devait être gênante pour les acteurs, dont toutes les entrées et sorties devaient se faire forcément par le fond, et dont les mouvements
étaient singulièrement entravés par le rétrécissement de la scène. Il
faut remarquer aussi qu'on ne pouvait point baisser le rideau, la
présence de ces sottes banquettes en rendant la descente impossible. D'autre part, et dans ces conditions, comment s'opéraient les
changements de décor? c'est ce que je ne saurais dire. Il est pro-

bable qu'alors on faisait momentanément évacuer la scène par ces
spectateurs importants autant qu'importuns (1).

La salle avait trois rangs de loges. Au premier rang, les deux loges
du roi et de la reine, faisant saillie et formant balcon, ornées des
armes de France, se faisaient vis-à-vis (2). Elles touchaient la
rampe de chaque côté de la salle, précédées de deux loges qui terminaient la rangée en s'avançant jusqu'au manteau d'arlequin.
Deux lustres, placés précisément en dehors de ce manteau d'arlequin, éclairaient le devant de la scène, comme à la Comédie-Italienne. L'aspect général était du reste flatteur à l'œil, à la fois
noble, gracieux et élégant, et le tout était couronné par un beau
plafond, œuvre du peintre Bon Boulogne, que les connaisseurs
tenaient en très haute estime.

Comme il arrivait alors pour tous les théâtres, celui-ci avait été
élevé sur un ancien jeu de paume, dit jeu de paume de l'Étoile,
dont le terrain avait été donné par Henri IV à Louis Audran, fameux maître paumier avec qui ce prince jouait souvent. C'est l'architecte François Dorbay qui avait été chargé de sa construction,
et le total des dépenses s'était élevé à 198,233 livres, 16 sols, 6 deniers,
dont 60,000 livres pour le seul achat du terrain. La salle avait été
inaugurée le 18 avril 1689 par un spectacle composé de *Phèdre* et du
Médecin malgré lui, et la recette avait été de 1,870 livres. Elle tom-
bait presque en ruines lorsque l'Opéra quitta les Tuileries pour
retourner au Palais-Royal, dans le nouveau théâtre que Moreau lui
avait construit presque sur l'emplacement de celui récemment détruit
par le feu. En attendant qu'on lui construisît à son tour une nouvelle demeure, la Comédie-Française vint alors remplacer l'Opéra aux
Tuileries, où elle donna son premier spectacle le 23 avril 1770. Peu

---

(1) Voici ce que Blondel lui-même dit à ce sujet, en reproduisant les
plans et les dessins de cette salle de la Comédie-Française : — « .... Ces
places tiennent le premier rang dans ce spectacle, et dans celui de la
Comédie-Italienne ; il n'y en a point à l'Opéra à cause des changemens
continuels et des machines, qui font un des principaux mérites de ce
spectacle. Sans doute que le goût que la nation française a pris pour le
théâtre dont nous faisons la description, tant pour l'excellence de nos
pièces dramatiques que pour la supériorité des acteurs, est la cause que
les comédiens françois ont supprimé leurs machines, cette salle étant devenue beaucoup trop petite pour le nombre des spectateurs, ce qui les
aura déterminés dans la suite à multiplier les places par ces bancs placés
sur le théâtre ; de manière que ce théâtre est réduit à 15 pieds sur le
devant et à 11 dans son extrémité opposée. » — (*Architecture française*,
1752, t. II.)

(2) La loge du roi était à droite du spectateur, celle de la reine à
gauche.

de jours auparavant, elle avait clôturé ses représentations à la rue
Neuve-des-Fossés en jouant *Beverley* et *le Sicilien*, avec une recette
de 2,350 livres. Cette salle de la rue Neuve-des-Fossés avait donc
vécu quatre-vingt-un ans, presque jour pour jour (1).

De l'architecture théâtrale nous allons, avec une cinquième maquette, passer à la machinerie. Dans un autre ordre d'idées, celle-ci
n'offre pas un moindre intérêt, et cet intérêt se double du
caractère en quelque sorte mystérieux qu'elle revêt à l'égard de
ceux — et le nombre en est grand — qui n'ont pas eu l'occasion de
se familiariser avec le plancher scénique et qui du théâtre ne con-
naissent que la partie située en dehors de la rampe, autrement dit
la salle. Cette nouvelle maquette nous présente donc, non plus la
reproduction réduite d'un de nos anciens théâtres, mais un modèle,
extrêmement curieux et d'une fidélité scrupuleuse, de machinerie
théâtrale telle qu'on la comprenait jadis. Il portait l'indication que
voici : « Machinerie théâtrale (xviie—xviiie siècle). Modèle construit
par M. C. Philippon, sous-chef machiniste à l'Opéra. » Ce petit
chef-d'œuvre (le mot n'a rien d'excessif) a été établi d'après un
dessin inspiré lui-même par les gravures de l'*Encyclopédie*, dont on
connaît la précision et l'exactitude. Il n'est plus ici question de
salle ni de public : en nous plaçant devant cette maquette, nous
formons en réalité nous-même le public, nous sommes comme le

---

(1) Le jour de la clôture, et suivant un usage qui subsista jusqu'à la
Révolution, l'un des comédiens, d'Allainval, adressa au public un compli-
ment dont voici le texte :

« Messieurs, le Théâtre François touche enfin à l'époque la plus flatteuse
qu'il pouvoit espérer. Le gouvernement daigne fixer un moment son
attention sur lui, et s'occuper des moyens de faire élever un monument
digne des chefs-d'œuvre des hommes de génie qui vous ont fait l'hommage
de leurs veilles. La scène lyrique vient d'offrir à vos yeux les ressources
de l'architecture. Vous avez rendu justice au travail de l'artiste célèbre
(M. Moreau) qui a eu le courage de s'écarter des routes d'une imitation
servile, et qui a été assez heureux pour vous plaire en osant innover. Il
est temps que le théâtre national jouisse des mêmes avantages ; il est
temps que les mânes de Corneille, de Racine et de Molière viennent
contempler les changemens dont ce théâtre est susceptible et nous dire :
« Voilà le temple où nous aimons à être honorés ; » il est temps enfin de
faire cesser les reproches très fondés des autres nations, jalouses de la
gloire de la nôtre. Accoutumés depuis longtemps à votre bienveillance,
nous ne cesserons jamais de vous donner des preuves de notre empresse-
ment à vous offrir des productions dignes de vos suffrages. C'est dans ces
sentimens que nous quittons un théâtre où vous avez tant de fois secondé
nos efforts. Pénétrés de la plus vive reconnoissance pour la bonté dont
vous daignez nous honorer, nous osons vous en demander la continuation
sur la nouvelle scène que nous allons occuper. »

spectateur assis dans sa stalle, et nous avons devant les yeux, le rideau étant levé et le décor équipé (ce qui veut dire en place), la scène d'un grand théâtre machiné, dont on a découvert à notre intention, pour nous les montrer en même temps, les dessus et les dessous. C'est-à-dire qu'avec le théâtre proprement dit, nous voyons en haut, le cintre, et en bas, le premier et le second dessous, soit les deux étages qui s'enfoncent sous la scène, avec tous les engins qu'ils renferment et qui servent à la manœuvre des décors : treuils, chariots, faux-châssis, cordages et le reste, chacun à sa place et prêt à remplir son office.

Beaucoup moins compliqué que celui qui est en usage aujourd'hui, le système de décoration employé aux deux derniers siècles était non seulement simple, mais uniforme. Les procédés ne variaient guère, par conséquent, en ce qui concernait la machinerie, et le changement des décors s'opérait toujours de la même façon. Si les machinistes alors faisaient preuve en certains cas d'initiative et d'invention, — et il n'y a pas à en douter, — c'était uniquement en ce qui concerne les autres effets scéniques, tels que vols, gloires, transformations, apothéoses, *trucs* de toute sorte, dans l'organisation desquels ils trouvaient le moyen d'exercer leurs talents et leurs facultés particulières et d'exciter l'étonnement et l'enthousiasme du public. Quant à la manœuvre des décors, elle n'exigeait de leur part aucuns frais d'imagination, étant toujours, je l'ai dit, semblable à elle-même, et ne laissant aucune place à la nouveauté, à l'inédit, à l'imprévu (1). M. Ch. Nuitter, l'excellent archiviste de l'Opéra, qui

_____

(1) Les chefs machinistes de l'Opéra, alors déjà comme aujourd'hui, étaient tenus pour de véritables artistes en leur genre, et jouissaient d'une véritable considération. Je n'en voudrais pour preuve que ce petit document relatif à l'un d'eux, qui occupait ce poste en 1749 ; c'est un « brevet de compositeur des machines des théâtres pour les spectacles et festes royales en faveur du sieur Arnoult, » dont voici le texte :

Aujourd'huy 19 mars 1749 le Roy étant à Versailles, mettant en considération les talens du Sr Blaise Henry Arnoult et son application suivie aux méchaniques et particulièrement pour touttes les différentes machines qui s'emploient, qu'il a non-seulement perfectionnées, mais dont il a inventé la plus grande partie de celles actuellement en usage, et qui ont principallement contribué à l'embellissement des festes et spectacles qui ont été données par Sa Majesté et exécutées en sa présence, ainsi que des spectacles publics, et voulant récompenser le Sr Arnoult de ses travaux et du zèle qu'il fait paroître dans toutes les occasions où il est employé pour le service de Sa Majesté, l'a retenu et retient pour et en qualité de compositeur et conducteur des machines des théâtres et festes royales qui seront ordonnées et représentées en présence de Sa Majesté, veut et ordonne qu'en la ditte qualité il jouira à commencer du 1er janvier de la présente année, de 3,000 livres d'appointements et qu'il en soit payé par chacun an sa vie durant sur ses simples quittances par les gardes du trésor royal présens et à venir suia été l'un des agents d'organisation les plus actifs de l'exposition théâtrale du Champ de Mars, l'a rappelé brièvement en un article publié à ce sujet dans le *Journal officiel* et auquel j'emprunte ces quelques renseignements :

... Les décors en eux-mêmes étaient peu compliqués et d'une plantation toujours uniforme. La perspective en était régulièrement établie d'après un point central placé au fond du théâtre. Les châssis (de coulisses) diminuaient progressivement de grandeur, au point d'avoir à peine deux mètres de haut aux derniers plans. Que l'on représentât un paysage ou un palais, c'était la même symétrie, et au fond, rétréci et abaissé, ce n'était même pas un rideau, c'est un simple châssis qui fermait la décoration.

Avec ces décors dont le poids était peu considérable, le système de machinerie pour opérer les changements à vue était ingénieux et d'une extrême simplicité. Il a été reproduit très exactement par M. Philippon, sous-chef machiniste de l'Opéra, d'après un dessin conservé aux Archives nationales. Ce modèle en menuiserie, muni de ses cordages et de ses machines, nous montre, à une échelle de quatre centimètres pour mètre, ce qu'était au dix-huitième siècle la machinerie de l'Académie royale de musique. A chaque plan et de chaque côté sont installés deux faux-châssis destinés à porter les décorations ; un treuil placé dans le dessous fait avancer l'un de ces faux-châssis en même temps qu'il fait reculer l'autre.

Celui qui a reculé est revêtu dans la coulisse d'une nouvelle décoration et tout prêt à reparaître au signal, par un mouvement contraire, quand un nouveau tour de treuil fera reculer à son tour celui qui a avancé. Ce mouvement de va-et-vient, se reproduisant dans les dessus, faisait alternativement descendre et monter les plafonds et suffisait pour produire des changements à vue complets. C'est ainsi qu'à l'Académie de musique les opéras ont pu se jouer, depuis l'origine jusqu'à la Restauration, sans que l'on baissât le rideau. Il n'y avait de véritable entr'acte qu'entre l'opéra et le ballet. *La Muette de Portici*, représentée en 1828, fut le dernier ouvrage auquel on appliqua ce système.

Il y a loin de là aux « plantations » irrégulières et étonnamment compliquées que l'on voit aujourd'hui, doublées de praticables de toutes sortes, comme celles, par exemple, que nous offrent le quatrième acte de *Faust*, le premier acte de *Patrie*, et particulièrement le troisième acte du *Tribut de Zamora*. Ce n'est pas, cependant, que certains essais n'aient été tentés en ce sens, et avec un grand succès. Il y a plus de cent cinquante ans, Servandoni, dans son Spectacle en décoration si justement célèbre et que je signalais tout à l'heure, voire même à l'Opéra, avait fait preuve sous ce rapport d'une

---

vant les états ou ordonnances qui en seront expédiés, en vertu du présent brevet que pour assurance de sa volonté, Sa Majesté a signé de sa main et fait contresigner par son Conseiller secrétaire d'État de ses commandemens et finance.

Ainsi signé : LOUIS.

PHELIPPAUX.

grande initiativ   et, pour varier les effets, s'était efforcé de combattre la régularité dont on ne se départait guère alors. Pour cela, il imagina de présenter des perspectives obliques, en même temps qu'il donnait plus d'élévation aux seconds plans, de façon à faire deviner au spectateur les parties de la construction qu'il ne voyait pas, et à produire, sur un espace restreint, une impression de grandeur impossible a obtenir avec les décors tels qu'on les comprenait en France à cette époque. Mais l'exemple de Servandoni ne fut pas suivi, du moins chez nous, et les mêmes errements se perpétuèrent. Pour le décor, comme pour le costume, il faut arriver à la période du romantisme pour voir l'effort de tous briser les anciennes coutumes et rechercher le naturel et la vérité par tous les moyens possibles.

Revenons-en à la maquette charmante de M. Philippon, qui nous montre la scène de l'Opéra dans l'état où elle était il y a cent cinquante ou deux cents ans, avec ses sept plans réguliers, et tout son matériel de machinerie, fonctionnant là comme sur un vrai théâtre. Ce modèle est exécuté avec tant de soin, de délicatesse et de précision, qu'en le visitant de nouveau aux Archives de l'Opéra, où il est aujourd'hui déposé, j'ai pu, en faisant avec un doigt tourner le treuil placé dans le premier dessous, faire manœuvrer le système et opérer le changement de décor. On ne saurait adresser trop d'éloges à l'auteur de ce petit travail, qui y a fait preuve d'autant de goût et de savoir que de patience et d'exactitude (1).

(1) Les cinq maquettes dont je viens de donner la description ont pris place aujourd'hui aux archives de l'Opéra, ainsi que les trente-six maquettes de décors qui entouraient la rot..de de l'exposition théâtrale et qui à cette heure ont fait retour dans leurs tiroirs. En effet, les maquettes, au nombre de près de deux cents, qui représentent en ce moment la collection complète des décors faits à l'Opéra depuis l'inauguration de la nouvelle salle du boulevard des Capucines, peuvent se replier sur elles-mêmes et, sans crainte de détérioration, être emmagasinées dans des tiroirs; on en distrait seulement quelques-unes, une douzaine environ, qui sont journellement exposées au musée attenant à la bibliothèque publique. Quant aux maquettes de théâtres, qui sont de véritables petites constructions en miniature, elles doivent forcément rester dans leur état naturel. Mais pourquoi ne les introduirait-on pas au musée, au lieu de les laisser dans les combles du monument, où la poussière et le manque de soins les mettront vite en un piteux état? Leur transport du Champ de Mars à l'Opéra, fait sans doute dans des conditions peu favorables de trop grande rapidité, n'a pas été sans causer à une ou deux d'entre elles quelques avaries; le mal n'est pas grand toutefois, et serait facilement réparable. Mais puisqu'on s'est donné tant de peine pour faire une besogne si intéressante, puisqu'on a dépensé tant d'intelligence pour reconstituer avec un rare bonheur des documents matériels dignes d'un si vif intérêt et

Pour terminer ce qui concerne cette partie si neuve et si intéressante de l'exposition théâtrale, je n'ai plus à signaler qu'une dernière maquette, et celle-ci n'est que celle d'un décor, semblable à toutes celles dont j'ai eu l'occasion de parler précédemment. Mais ce décor est absolument adorable, et il nous reporte à plus de deux cents ans, car cette maquette était ainsi signalée : « Décor de *Psyché*, tragi-comédie de Molière, Corneille et Quinault (1671), exécuté pour la reprise de 1684 à l'hôtel de Guénégaud, par Joachim Pizzochi. » Ce Pizzochi, qui était assurément un artiste de talent, avait construit ce décor d'après les données précédemment établies par son célèbre compatriote Vigarani ; au point de vue de l'agencement et de l'effet, c'est un vrai chef-d'œuvre, plein de grâce et de poésie, et d'une couleur charmante. La maquette qui le reproduit appartient à la Comédie-Française, et a pris place aujourd'hui dans ses archives.

---

dont l'utilité historique n'a pas besoin d'être démontrée, je demande encore qu'on leur donne place au musée, qui ne saurait rien contenir de plus précieux et de plus véritablement curieux. Il est certain qu'en aucun autre pays on ne saurait trouver quelque chose d'analogue. C'est une raison pour en faire montre et ne le point cacher.

IX

ESTAMPES, DESSINS ET PORTRAITS

Un assez grand nombre d'estampes et de gravures diverses ont figuré dans l'exposition théâtrale du Champ de Mars, les unes présentant un intérêt assez vif, les autres — le plus grand nombre — n'offrant qu'une mince valeur, et placées là tout simplement parce qu'au dernier moment on s'est trouvé avoir, dans la galerie supérieure du palais, auprès de l'histoire de l'aérostation, un assez grand espace vide qu'il a fallu remplir tellement quellement. De là, toute cette série de portraits et d'estampes un peu banales, que le public superficiel et peu instruit regardait néanmoins, mais qui n'avaient rien à apprendre à ceux qui sont peu ou prou au fait de l'histoire du théâtre.

A tout seigneur, tout honneur! Commençons par une pièce rare, unique, extrêmement curieuse, celle-là, et telle qu'on en aurait bien voulu contempler quelques autres de son espèce. Il s'agit ici, non d'une estampe, mais d'un dessin, d'une gouache, dont la valeur en tant qu'œuvre d'art proprement dite est modeste sans doute, mais qui, restée absolument inconnue jusqu'à ce jour, constitue un document de la plus haute importance pour l'histoire de notre ancien théâtre. Cette gouache, dont l'heureux propriétaire est M. Gillet de Grammont, nous représente l'ancien théâtre de l'Hôtel de Bourgogne, fondé par les confrères de la Passion et qui fut le berceau de nos premiers acteurs, et l'expulsion, en 1697, des Comédiens-Italiens. qui occupaient ce théâtre. Ceci demande une courte explication.

On sait que les Comédiens-Italiens, qui depuis 1570 avaient pénétré chez nous et s'y étaient établis d'une façon plus ou moins permanente, avaient, à partir de l'installation de Molière et de sa troupe au Palais-Royal, dans la salle élevée par les soins de Richelieu, partagé cette salle avec lui jusqu'à sa mort (eux jouant trois fois par semaine, lui quatre), et, en 1680, s'étaient définitivement fixés dans celle de l'Hôtel de Bourgogne, qui avait été l'asile de nos premiers véritables comédiens français et qui avait retenti des beaux vers de Corneille et de Racine. Abandonnant alors peu à peu leur répertoire original, c'est-à-dire les pièces italiennes, et se transformant eux-mêmes pour plaire davantage au public, ils en étaient venus, non sans de fréquentes et très vives contestations avec les successeurs de Molière, à ne plus jouer guère que des pièces françaises, dont la plupart étaient écrites par quelques-uns d'entre eux. Confiants dans la bienveillance du roi, qui ne leur avait jamais fait défaut, et qui leur valait une pension annuelle de 15,000 livres, ils prenaient de grandes privautés et se croyaient tout permis, jusqu'au jour où, au dire de Saint-Simon, une insigne effronterie de leur part provoqua un ordre souverain qui venait tout à coup, en 1697, les expulser non seulement de Paris, mais de toute la France. S'il faut en croire, en effet, le noble chroniqueur, ces comédiens audacieux s'étaient avisés « de jouer une pièce qui s'appelait *la Fausse Prude*, où Mme de Maintenon fut aisément reconnue. Tout le monde y courut ; mais après trois ou quatre représentations qu'ils donnèrent de suite parce que le gain les y engagea, ils eurent ordre de fermer leur théâtre et de vider le royaume en un mois. Cela fit grand bruit, et si ces comédiens y perdirent leur établissement par leur hardiesse et leur folie, celle qui les fit chasser n'y gagna pas par la licence avec laquelle ce ridicule événement donna lieu d'en parler. » Ce qui est vrai, et ce qu'on sait de certain, c'est que le matin du 4 mai 1697, M. d'Argenson, en sa qualité de lieutenant de police et en vertu d'une lettre de cachet du roi, procéda à l'expulsion des Comédiens-Italiens de l'Hôtel de Bourgogne, où ils ne revinrent que dix-neuf ans plus tard, en 1716, par suite d'une permission du Régent.

C'est cette scène même de l'expulsion des fameux comédiens, qui fit tant de bruit et dont le retentissement fut si grand dans Paris il y a près de deux siècles, qu'offre à nos yeux le dessin si curieux et, je le répète, inconnu jusqu'à ce jour, exposé au Champ de Mars par M. Gillet de Grammont. Aimable et naïf au point de vue de l'exécution, avec un sentiment franchement comique et un caractère évident de vérité, il est d'autant plus précieux que c'est presque le seul document de ce genre que nous possédions en ce qui touche l'événement qu'il reproduit. Il offre d'ailleurs, je le répète, sous le rapport des détails de toute sorte, un rare caractère d'exactitude, d'après ce qu'on sait, en se référant aux anciens plans de Paris, de la situation de l'ancienne halle aux cuirs, où se trouvait la salle de l'Hôtel de Bourgogne. A ces divers titres, tous ceux — et ils sont nombreux — qu'intéresse vivement l'histoire du théâtre en France, seraient heureux de le voir reproduire, afin qu'un tel document ne restât pas à jamais ignoré dans l'ombre d'une collection particulière. En tous cas, il n'est pas inutile de le décrire au moins d'une façon sommaire, et c'est à quoi je vais m'essayer.

En bas et au milieu du dessin, un cartouche porte, en lettres d'or sur fond bleu, l'inscription suivante, qui en fait connaître le sujet :

La déroute burlesque des
Comédiens Italiens chassé de Paris
en 1697.

tandis qu'au fond, sur la façade du théâtre, on lit cette autre inscription en forme d'enseigne :

La seule troupe des Comédiens Italiens
entretenu par Sa Majesté en leur Hôtel de
Bourgogne (1).

Des sentinelles placées près de l'Hôtel, et avec elles des officiers de police venus dans leur carrosse, qui les attend à quelques pas, gardent les portes, pour en interdire l'entrée. Les comédiens, revêtus de leurs costumes traditionnels (Pantalon, Mezzetin, Gilles, Colombine, Isabelle, Polichinelle), parcourent la place en se lamentant, suivis de comparses et d'employés qui emportent divers objets, dont l'un, un grand écriteau fixé au bout d'une perche avec la fameuse devise latine : *Castigat ridendo mores*, que le poète Santeul avait imaginée jadis pour les Comédiens-Italiens à la requête du plus fameux d'entre eux, le célèbre Arlequin Dominique (Biancolelli). Pendant ce temps de nombreux ouvriers procèdent au déménagement, et l'on voit, sur le côté, une voiture qui s'éloigne, chargée surtout d'instruments de musique. Aux premiers plans, à droite, sur le mur d'une maison dont on voit les trois quarts, une affiche est placardée qui porte ces mots :

Vente des meubles
et décorations
et habits de la
Comédie.

Et enfin, auprès de cette maison et de cette affiche, sur le bas de la place, un huissier en robe, debout devant une table sur laquelle, à côté de plusieurs sacs d'écus, sont jetés différents costumes de théâtre, procède à la vente, aidé d'un greffier qui se trouve à ses côtés. Plusieurs personnes sont là, paraissant s'intéresser plus ou moins à cette vente, et l'on voit s'éloigner une femme, les bras chargés d'un certain nombre d'habits que sans doute elle vient d'acheter.

Telle est cette pièce unique, véritablement curieuse à tous les titres, qui est à la fois une date et un inappréciable document, et

---

(1) On remarquera, dans ces inscriptions, deux incorrections que j'ai respectées scrupuleusement.

dont il est regrettable que l'on ne puisse connaître l'auteur. Ce qui est plus regrettable et plus fâcheux encore, c'est que son heureux possesseur n'ait pas la bonne pensée de la faire reproduire par un des nombreux procédés dont l'usage est aujourd'hui si prompt et si facile, ce qui n'enlèverait rien à la valeur de l'original, mais rendrait un signalé service à notre histoire artistique en donnant à ce petit monument une expansion très désirable (1).

Cette gouache se trouvait, non dans la rotonde de l'exposition théâtrale, mais dans la petite salle voisine, dont les vitrines contenaient de nombreux objets que j'ai décrits et quelques autographes de musiciens que j'ai reproduits dans un chapitre précédent. Non loin d'elle se voyait un autre dessin, plus moderne et tout à fait charmant, mais malheureusement inachevé, un projet d'éventail représentant une vue intérieure de la salle de l'Opéra sous la Restauration, pendant le spectacle, sans nom d'auteur. Puis venaient plusieurs estampes intéressantes à des titres divers. D'abord, une série de « vues et plans des principaux théâtres parisiens au dix-huitième siècle, » comprenant le théâtre de Monsieur aux Tuileries, la salle Favart, la Comédie-Française (élevée en 1779 sur l'emplacement de l'Odéon actuel) et l'Ambigu-Comique. On voit que, même à part l'Opéra, il manque là les Grands Danseurs du Roi ou théâtre de Nicolet, aujourd'hui la Gaîté, déjà pourtant célèbre à cette époque ; c'est que, chose assez singulière, on ne connaît aucune estampe, aucune gravure faisant connaître la première salle construite sur le boulevard du Temple pour ce théâtre où le public courait en foule.

---

(1) Certains amateurs pensent que cette gouache peut être attribuée à un artiste nommé Baron, dont la ville de Paris possède plusieurs autres dessins, et qui avait eu l'heureuse idée de peindre sur vélin, pour des éventails, différentes vues du Paris de l'époque. Watteau, lui aussi, avait représenté, sur une estampe aussi rarissime, cette scène si piquante de l'expulsion des Comédiens-Italiens, qui fit si grand bruit en son temps. Mais si, il est à peine besoin de le dire, son dessin est incomparablement supérieur à celui que je viens de décrire, il est moins intéressant sous un autre rapport, en ce sens que Watteau, cherchant surtout à produire une scène animée, n'a donné à l'architecture qu'une importance à peu près nulle et ne nous fait pour ainsi dire rien connaître du bâtiment de l'Hôtel de Bourgogne. D'ailleurs, Watteau, né en 1684 et âgé seulement de treize ans lors du départ des Comédiens-Italiens, n'a certainement fait cela que plus tard et a traité son sujet *de chic*, comme nous dirions aujourd'hui. Son estampe étant devenue pourtant en quelque sorte introuvable et constituant, elle aussi, un document précieux, je l'ai reproduite dans mon *Dictionnaire du Théâtre* d'après le superbe exemplaire qu'en possède la Bibliothèque de la ville de Paris, où elle m'avait été obligeamment signalée et communiquée par M. Jules Cousin. C'est le seul ouvrage dans lequel on la puisse rencontrer.

Dans le même cadre on avait placé, sans autre indication de détail, divers « dessins de décors représentant des scènes d'opéra au dix-huitième siècle. » Ces dessins, appartenant aux archives de l'Opéra, provenaient des recueils des Menus-Plaisirs du roi et se rapportaient, par conséquent, à des ouvrages représentés sur les théâtres de la cour. Un peu plus loin se trouvait un « plan cavalier du Théâtre-Français, sous l'empire. » Puis enfin, à côté, dans un autre et vaste cadre, on avait réuni une suite fort curieuse et assurément très rare de « dessins de décors et machines ayant servi aux opéras *Adonis* et *Germanicus sur le Rhin*, représentés au théâtre San Salvator, de Venise, en 1675 (1) ». Ceux-ci faisaient partie d'un ancien recueil italien, d'où on les avait extraits. Nous ne trouvons plus ensuite, dans cette salle, qu'une couronne de lauriers offerte jadis à Talma, et quelques jolis spécimens de billets de faveur pour divers théâtres, dont un entre autres, de la Comédie-Française, est tout à fait exquis. Il nous faut maintenant remonter à la galerie supérieure pour poursuivre notre revue.

Là, je l'ai dit, on s'était trouvé, au dernier moment, en présence d'un assez grand espace resté vide et qu'il fallait s'occuper de garnir à la hâte et à tout prix. C'est ce qui explique le manque relatif d'intérêt de quelques-uns des objets groupés en cet endroit, dont on fit comme une sorte d'annexe et de complément de l'exposition théâtrale. Outre les maquettes et plans de théâtres anciens (très curieux, ceux-là), dont j'ai parlé plus haut, on eut l'idée de réunir là un peu au hasard diverses séries d'estampes relatives au théâtre et à la

---

(1) Ici, la pancarte officielle commettait une légère erreur; les deux opéras en question furent représentés non en 1675, mais en 1676. Le théâtre San Salvatore, où ils virent le jour, avait été construit par les soins de la célèbre famille Vendramin au commencement du dix-septième siècle, et consacré d'abord à la comédie. Détruit par le feu vers 1630 et réédifié aussitôt dans de meilleures conditions, il fut, à partir de 1661, réservé aux représentations d'opéra, pour revenir à la comédie en 1700. Il porte aujourd'hui le nom du grand poète Carlo Goldoni, et il est le plus ancien de ceux de Venise; il n'a pas cessé d'ailleurs d'être aux mains de la famille Vendramin, et à cette heure encore il appartient à la signora Regina De Marchi, veuve du « noble homme » Domenico Vendramin. C'est en effet là que furent représentés, en 1676, les deux opéras ci-dessus mentionnés: *Adone in Cipro*, paroles du docteur Giannini et de Tebaldo Fatorini, musique de Giovanni Legrenzi, dédié « aux illustres seigneurs Cesare Calimero et Alessandro Cigola, » et *Germanico sul Reno*, paroles de Giulio Cesare Corradi, musique du même Legrenzi, dédié « à Son Altesse Sérénissime le prince de Monaco, duc de Valentinois, pair de France, etc. » (Voy.: *I Teatri musicali di Venezia nel secolo XVII*, per Livio Niso Galvani. Milan, Ricordi, 1879, in-4°.)

musique ; et comme on était pressé par le temps, on prit à peu près les premières choses venues, pourvu qu'elles se rapportassent à ce double sujet. Il va sans dire que rien de tout cela ne trouva place ni mention sur le catalogue, établi vraiment un peu trop à la diable, comme je l'ai déjà fait remarquer.

Il semblait que tout ceci fût divisé en deux sections, dont l'une était comprise sous cette rubrique : « Estampes et gravures relatives aux instruments de musique et à leur emploi. » Cette collection, peu nombreuse, se composait uniquement de planches extraites de divers ouvrages, et particulièrement du célèbre livre de Laborde : *Essai sur la musique*, qui date de la seconde moitié du dix-huitième siècle. Encore eût-on pu au moins en indiquer la provenance, ce qu'on avait négligé de faire.

La seconde section était ainsi annoncée : « Estampes et gravures relatives au théâtre : décors, costumes et portraits. » Quelques-unes des estampes exposées ici auraient dû trouver place dans l'autre section, par exemple celles-ci : *le Concert agréable*, de Lavrince ; *Sainte Cécile* (gravée par Ulmer, d'après le tableau de Mignard) ; *les Musiciens ambulants* (gravé par Wille, d'après le tableau de Diétricy) ; *le Passe-temps* (gravé par Audran, d'après Watteau) ; salle de concerts de la société *Félix Meritis*, à Amsterdam. Pour les autres, je signalerai : *le Parnasse de Raphaël*, assez singulièrement placé en cet endroit ; *le Bal paré*, de Saint-Aubin ; le tableau magique de *Zémire et Azor*, de Touzé ; une *Scène de comédie à l'hôtel de Bourgogne* ; deux *Décors italiens du dix-septième siècle*, de Bibiena ; un *Décor du dix-huitième siècle* ; une *Harlequine dansante* ; et enfin l'eau-forte célèbre de Duplessis-Bertaut représentant *Grétry traversant l'Achéron*, avec ce quatrain signé : P. Villiers :

> Pour charmer l'ennui de la route,
> Grétry, sa lyre en main, traversait l'Achéron.
> Ramez-donc, dit-il à Caron,
> Que faites-vous ?... J'écoute...!

Venaient ensuite un certain nombre de portraits d'artistes de théâtre, dont quelques-uns vraiment, par leur peu de valeur et leur peu de rareté, ne méritaient guère d'être ainsi placés sous les yeux du public, qui peut en rassasier sa vue chaque jour aux vitrines des plus modestes marchands d'estampes. C'était, pour la comédie et la tragédie : Baron, Talma, Baptiste cadet, Adrienne Lecouvreur, M⁅ˡˡᵉ⁆ Dumesnil, M⁅ˡˡᵉ⁆ Duclos, M⁅ˡˡᵉ⁆ Raucourt, M⁅ᵐᵉ⁆ Joly, M⁅ᵐᵉ⁆ Favart, Miss Smithson, Rachel, M⁅ᵐᵉ⁆ Allan, M⁅ˡˡᵉ⁆ Plessy ; pour le chant : M⁅ˡˡᵉ⁆ Pélissier, Sophie Arnould, M⁅ᵐᵉ⁆ Belmont, la Malibran, Giulia Grisi ; pour la danse : M⁅ˡˡᵉ⁆ Sallé, M⁅ˡˡᵉ⁆ Duthé, M⁅ˡˡᵉ⁆ Chameroy, M⁅ˡˡᵉ⁆ Hillisberg, danseuse anglaise, Fanny Elssler. Enfin, pour le reste, on ne trouvait que quelques scènes et types de théâtre, et une série de costumes d'acteurs français ou étrangers portés par eux dans divers ouvrages. On voit que tout cela n'était que d'un intérêt médiocre. Cette partie de l'exposition théâtrale se complétait par les très curieuses maquettes d'anciens théâtres que j'ai signalées, et par une nombreuse suite d'estampes et de vignettes originales relatives à l'art théâtral dans l'Extrême-Orient et surtout au Japon. Ceci mérite qu'on s'y arrête, et nous allons nous en occuper (1).

---

(1) Bien que ceci ne puisse être compris dans l'exposition théâtrale, j'ai relevé, dans l'exposition des beaux-arts, un certain nombre d'œuvres ayant pour objet le théâtre ou la musique, et qu'il ne me semble pas sans quelque intérêt de mentionner ici, au moins en note et à titre de renseignement, comme complément indirect à ce chapitre. Dans l'exposition centennale de l'art français : portrait de Baptiste (acteur de la Comédie-Française), par Drolling; *Hamlet tue Polonius*, par Eugène Delacroix; portrait de Berlioz, par Courbet; *Joueuse de mandoline*, par Corot; la Guimard, buste marbre, de Cambos; Beaumarchais, *idem*, d'Henri Allouard; Duprez, *idem*, de Lormier; *la Danse*, statue marbre, de Delaplanche. En ce qui concerne les sections étrangères, pour l'Autriche-Hongrie : *Projet de rideau pour le théâtre tchèque de Prague*, par Hynais; *les quatre voussures du plafond pour le Hofburg théâtre de Vienne* (les poètes dramatiques de l'antiquité et des XVIᵉ, XVIIᵉ, XVIIIᵉ et XIXᵉ siècles), par le même; *une Valkûre et le Héros mourant*, par Hans Mackart; *le Quatuor*, par Bruck Lajos; — pour la Russie : Sivori, buste bronze, par Léopold Bernstamm; — pour la Finlande : *Au piano*, tableau, par Edelfelt; — pour l'Italie : *Verdi*, grand pastel, par Boldini; *le Joueur d'orgue*, tableau, par Innocenti; *le Petit Flûtiste*, statuette marbre, par Caroni; Sivori, buste marbre, par Beltrami; — enfin, pour l'Angleterre : *le Musicien*, tableau, de John Pettie. — Je dois déclarer que cette courte liste n'a point la prétention d'être complète.

X

L'EXPOSITION DU THÉÂTRE JAPONAIS

Lorsque je passerai en revue les théâtres de tout genre qui ont été, au point de vue pittoresque, l'un des éléments particuliers de succès de l'Exposition universelle, j'aurai à m'occuper du Théâtre Annamite, qui a si bien attiré la foule et qu' nous a donné une idée, au moins approximative, des mœurs artistiques de l'Extrême-Orient. Là, nous avons eu sous les yeux le spectacle même qui émeut et enchante les peuples de ces contrées lointaines, si long-temps fermées aux Européens et qui commencent seulement à nous révéler leurs secrets. Ce spectacle, toutefois, n'était pas — et ne pouvait pas être complet. Pour qu'il le fût, il eût fallu que celui de la salle fût joint à celui de la scène, et que nous pussions jouir de la vue du public et de ses coutumes particulières comme il nous était donné de contempler le jeu des acteurs et de pénétrer la façon dont ils comprennent l'art dramatique. Ce qui revient à dire que c'est chez eux-mêmes, que c'est dans leur propre milieu qu'il les fau-drait voir pour recevoir d'eux, de leur talent, de l'art dont ils sont les interprètes, une impression aussi exacte et aussi fidèle qu'on peut l'espérer, au moins en ce qui concerne le côté extérieur, lors-qu'on ignore la langue qui traduit les sentiments exprimés.

Ici, dans cette galerie supérieure du palais des Arts libéraux qui contenait tant de trésors de tout genre, non loin de la petite collection d'estampes théâtrales que je viens de rappeler, des très curieuses maquettes d'anciens théâtres que j'ai fait connaître, on avait exposé toute une série de petits documents relatifs à l'art théâtral tel qu'il est pratiqué dans les divers pays d'Extrême-Orient: Inde, Chine, Japon, Siam, Cambodge, Java, etc. Nous avions là, sans prétention impossible au complet, mais dans toute leur origi-nalité documentaire, la reproduction de quelques-uns des éléments extérieurs de cet art si complètement inconnu de nous jusqu'ici : costumes, masques, accessoires, portraits d'« artistes », estampes diverses, et cela était vraiment intéressant et digne d'attention, tant pour sa nouveauté que pour son étrangeté. Deux amateurs surtout avaient fait les frais de cette petite exhibition d'un genre si particu-lier : d'une part, M. K. Krafft, de l'autre, M. Louis Gonse, rédacteur en chef de la *Gazette des Beaux-Arts*, dont la collection japonaise est peut-être la plus belle de Paris et qui a publié sur l'art et les artistes

6

japonais plusieurs ouvrages si substantiels et si caractéristiques.

Mais avant de détailler et de passer en revue cette exhibition où le Japon tenait la place la plus importante, il ne sera pas superflu, je pense, d'avoir quelques détails pratiques et précis, exacts surtout, sur le théâtre tel qu'il existe et qu'on le comprend en ce pays. Je vais les emprunter à un écrivain élégant et disert qui a fait, sur place, une étude de ces contrées lointaines, et qui avait, pour ce qui concerne ce chapitre spécial, le grand avantage d'être en même temps un artiste, musicien et compositeur instruit, grand amateur de théâtre, très épris et très au fait de tout ce qui le touche et s'y rattache. Je veux parler de M. Émile Guimet, dont les très vivantes et très aimables *Promenades japonaises* contiennent, sur le sujet qui nous occupe, quelques pages fort bien venues, tracées par un voyageur qui sait voir, comprendre et décrire.

C'est à Yokohama que M. Guimet s'est pour la première fois, au cours de son voyage, enquis d'un théâtre, c'est là qu'il a pu assister à un spectacle japonais, et, en rendant compte de la représentation qu'il lui a été donné de voir, il nous fait faire, tout d'abord, connaissance avec la salle et son public :

...Je finis, dit-il, par savoir qu'il y a dans la ville le théâtre de Mina-Toza, où nous pourrons voir des pièces japonaises. Et, le soir même, malgré une pluie battante, je me fourre dans un djinrikecha fermé et, accompagné de Régamey, je vole à la représentation.

L'entrée est grillée de grosses barres de bois qui forment des cages dans lesquelles sont installés les caissiers, les contrôleurs, les placeurs et même le bureau des cannes; pardon, je veux dire le vestiaire, où l'on dépose ses chaussures...

Des faisceaux d'immenses parapluies en papier jaune garnissent les angles et forment de petits ruisseaux sur le plancher.

La salle se compose d'un vaste parterre et d'un rang de première galerie où sont des loges. Ce n'est ni un parterre assis, ni un parterre debout, mais c'est un parterre accroupi. Les spectateurs s'assoient sur leurs talons et restent dans cette position, familière aux Japonais, pendant tout le temps de la représentation, qui dure souvent la journée entière et une partie de la nuit (1).

Des séparations carrées, de trente centimètres de haut, divisent le parterre en compartiments, figurant des espèces de loges découvertes. Ces séparations sont assez larges pour qu'on puisse marcher facilement dessus; elles forment des sentiers que l'on suit pour gagner sa place ou pour se retirer. C'est aussi sur ces chemins surélevés que, pendant les entr'actes, les marchands de programmes, les marchands de gâteaux ou de thé passent au milieu des spectateurs, qui généralement, étant venus là pour s'amuser complètement, consomment tout le temps.

---

(1) Parfois le spectacle commence vers midi, pour finir seulement au lever du soleil. Les Japonais ont, sous ce rapport, l'estomac plus solide que nous.

Dans chaque compartiment il y a un petit *brasero*, non pas comme moyen de chauffage — il fait certes assez chaud — mais pour que hommes, femmes, enfants puissent fumer de temps à autre la petite pipe dont on vide les cendres dans un tube de bambou, au moyen d'un coup sec et violent, dont le bruit incessamment répété est la première chose que je remarque en entrant.

Outre les séparations praticables dont j'ai parlé, il y a deux chemins plus larges, à droite et à gauche, et qui, placés à la hauteur de la scène, permettent aux acteurs de faire leur entrée autrement que par le fond du théâtre, et donnent parfois l'occasion de représenter des scènes différentes et simultanées. Un de ces chemins est assez large pour que des voitures, des bateaux à roulettes, puissent y circuler. Mais c'est toujours sur le théâtre que l'action se passe; on ne représente dans la salle que les scènes d'introduction et de sortie.

Nous nous installons dans une loge de galerie, assez près d'une loge d'avant-scène où siège un policeman tout seul, chargé sans doute de maintenir l'ordre, que personne, du reste, ne songe à troubler.

Le public est très nombreux et fort animé. Il y a beaucoup de femmes et des enfants de tout âge. On voit que l'on est venu là en famille. C'est toujours, à mon avis, une bonne note pour la moralité d'un pays lorsque la famille entière est admise aux divertissements.

La salle est éclairée au gaz et, malgré la pluie qui a rafraîchi l'air, la chaleur est intense. Aussi les spectateurs se sont mis à leur aise en se dépouillant le plus possible de leurs vêtements, que quelques jeunes gens ont supprimés tout à fait.

Je me figure que cette assemblée élégante, lettrée et à demi nue, doit donner une idée du public athénien assistant aux représentations du théâtre de Bacchus.

J'ajouterai que la rampe, un peu clairsemée, qui éclaire la scène du théâtre japonais, se compose seulement de quatre becs de gaz à nu, disposés de façon que la lumière arrive à peu près à la hauteur de la ceinture des acteurs. Cet éclairage parcimonieux ne permet guère de voir le jeu des physionomies; aussi est-on obligé pour cela d'employer un procédé qu'on trouvera décrit plus loin et qui est quelque peu destructeur de l'illusion. Quant aux loges de la salle, elles sont éclairées par des lanternes lumineuses.

Il n'y a point là d'orchestre, comme chez nous, les musiciens, peu nombreux, se tenant sur un des côtés de la scène; partant, point de vide, point d'espace libre entre l'acteur et le public. Les spectateurs les plus proches de la scène la touchent absolument, et, pour mieux voir, se haussent volontiers quelque peu, de sorte que leur tête surgit en quelque façon au-dessus de l'avant-scène, qui pénètre assez profondément dans la salle. Au rez-de-chaussée, contournant le pourtour, il y a une rangée de loges assez semblables à nos baignoires. La familiarité est grande, comme nous l'avons vu, et les mères nourrices ne se gênent nullement pour amener leurs petits enfants au théâtre et leur donner le sein devant la foule.

Mais laissons M. Guimet, après avoir décrit la salle, nous mettre au courant de ce qui se passe sur la scène :

...Voilà bien une autre réminiscence de l'antiquité.

L'acte commence.

Dans une loge grillée de l'avant-scène un homme joue de la guitare (*sammissen*) et parle d'un ton larmoyant et cadencé. Il raconte au public la situation, et de temps en temps décrit les sentiments des acteurs, pendant que ceux-ci expriment par leurs gestes et leurs physionomies les mouvements de leur âme.

Or, cet homme, qui sert d'intermédiaire entre l'acteur et le spectateur, qui s'adresse parfois aux héros de la pièce pour leur donner du courage ou de la prudence, qui conseille les uns, qui invective les autres, qui annonce, explique et conclut, qui pleure, s'indigne, s'émotionne, palpite avec le drame... cet homme est le chœur antique dans toute sa pureté.

Au-dessous du chœur se tient un régisseur de la scène, armé de deux rectangles de bois massif avec lesquels il fait des roulements sur une petite tablette excessivement sonore. C'est dans les moments pathétiques qu'il frappe à tour de bras et souligne les paroles de l'acteur par un étourdissant trémolo. Il est également chargé d'annoncer, à coups redoublés, l'entrée des acteurs principaux. C'est, à la fois, un appel à l'attention du public, une réplique pour l'artiste et une réclame pour les chefs d'emploi. De l'autre côté de la scène, dans les coulisses, se tient l'orchestre et un souffleur chargé des *cantonades*.

Les comédiens parlent en faisant beaucoup chanter la voix, qui monte et descend sur chaque phrase. Mais cela n'a rien de la mélopée criarde et conventionnelle des acteurs chinois. Les Japonais sont vraiment acteurs, et à part certaines habitudes théâtrales, comme celle d'exagérer les grimaces aux endroits dramatiques, ils jouent avec beaucoup de naturel et non sans talent. Les rôles de femmes sont remplis par des hommes.

Indépendamment des acteurs, il y a sur la scène d'autres personnages vêtus de brun et que l'on est censé ne jamais voir. Les uns vont et viennent pour donner les accessoires ou faire fonctionner les becs de gaz. Les autres portent au bout d'un bâton (horizontal) une bougie qu'ils tiennent constamment devant la figure des acteurs principaux, pour mettre en lumière les jeux de physionomie. D'autres enfin se tiennent derrière les personnages pour glisser sous leurs vêtements un tabouret, quand ils veulent s'asseoir, leur passer un mouchoir, une tasse de thé, ou les rafraîchir à grands coups d'éventail. C'est justement dans les scènes émotionnantes que ces gnomes dramatiques interviennent, s'agitent, secondent les acteurs, comme pour les soulager dans la douleur et l'émotion qu'ils simulent.

Notre observateur a voulu tout voir, tout visiter, tout comprendre. Après avoir examiné la salle et le public, s'être rendu compte du jeu des acteurs et des coutumes scéniques, avoir établi les différences qui, sous divers rapports, existent entre ce théâtre et le nôtre, tant en ce qui touche les comédiens qu'en ce qui concerne les spectateurs, il a voulu connaître ce qu'on peut appeler l'envers du rideau, et de la salle est passé sur la scène. Il va donc, après nous avoir décrit l'une et l'autre, nous mettre au fait et au courant de ce qui se passe dans les coulisses; ainsi, il ne nous laissera rien ignorer sur le sujet qui nous intéresse :

Pendant un entr'acte nous allons dans les coulisses, où règne une grande animation. En effet, on prépare la plaque tournante.

Lorsqu'une pièce nécessite de nombreux et de rapides changements de décoration, on dispose deux décors accolés dos à dos. Le plancher de la scène peut tourner sur lui-même et, au changement, un groupe d'acteurs s'en va par la rotation, tandis qu'un autre apparaît dans un appartement tout différent. Cela permet même de représenter deux scènes simultanées, en faisant voir au public tantôt ce qui se passe d'un côté, tantôt ce qui se passe de l'autre.

Les machinistes se sont mis à leur aise et n'ont gardé que leur koshi-maki blanc et la blague qui ne les quitte jamais. La jeune maîtresse de la belle Siguenoï (1) paraît étouffer sous sa lourde robe de mariée. Quant à l'héroïne, elle n'y met pas tant de façons et, relevant jusqu'à la ceinture ses robes de grande dame, elle rafraîchit ses jambes masculines.

Les enfants des spectateurs ont envahi les coulisses, soit en passant à côté de la toile, soit en passant dessous. Les acteurs paraissent trouver tout naturel de voir leur scène transformée en école pendant la récréation.

Dans un coin, les musiciens accordent gravement, et avec un grand sérieux, des instruments qui n'arriveront jamais à être dans le même ton. C'est en vain qu'on essaie de mettre à l'unisson les timbales avec le gong et le tambour avec la guitare; car, en supposant qu'on y arrive, les instrumentistes auront toujours soin, par amour de la recherche et de l'étrange, de fausser la note le plus possible, ce qui est le suprême de l'art musical.

Je remarque combien les types des acteurs sont beaux, délicats et distingués : soit par leurs traits naturels, soit par les lignes qu'ils ajoutent en se grimant, ils reproduisent avec exactitude les nobles figures des peintures historiques.

Le régisseur de la scène se met à frapper l'un contre l'autre, à coups pressés, ses deux rectangles de bois; l'entr'acte est fini et le rideau tombe. Car le rideau ne se lève pas. A la fin des actes, il se déploie horizontalement et avec lenteur pour laisser plus longtemps le spectateur sous l'impression de la scène qui se continue; mais à la fin des entr'actes il tombe brusquement, afin d'éblouir tout d'un coup le public par les splendeurs de la mise en scène. Puis des valets retirent l'étoffe par la coulisse.

On change plusieurs fois de rideaux dans une même soirée. Ces toiles, couvertes de caractères cursifs des plus fantastiques, noir sur orange, blanc sur bleu, violet sur rouge, avec des lisérés qui font relief, sont des cadeaux qu'on fait aux principaux acteurs, qui voyagent avec leurs rideaux et leurs costumes. Il va sans dire que plus un acteur a de rideaux, plus il est célèbre, et que, lorsqu'on veut parler d'un comédien de grand talent, on dit : « C'est un homme qui a six rideaux. »

_____

(1) La pièce représentée avait pour titre : *les Aventures de la belle Siguenoï.*

Par tout ce qui précède, on voit que les Japonais jouent aujourd'hui la comédie à visage découvert. Il n'en a pas toujours été ainsi, et leurs acteurs étaient jadis masqués à la scène — ainsi que les nôtres, d'ailleurs. En ce qui nous concerne, on sait, en effet, que non seulement nos anc...ns comédiens italiens, conservant l'usage de leur pays, ne paraissaient au théâtre que masqués, de même que les premiers farceurs de notre Hôtel de Bourgogne, mais que les premières pièces de Corneille, entre autres *le Menteur*, furent jouées ainsi. Le masque ne disparut même chez nous que peu à peu, non tout d'un coup, et, pour certaines pièces au moins, il fut conservé plus longtemps qu'on ne serait porté à le croire ; on peut s'en convaincre en lisant ces lignes du *Mercure de France*, rendant compte, en 1736, d'une remise à la scène des *Fourberies de Scapin* : — « Reprise des *Fourberies de Scapin*. Il y avoit, dit ce journal, dix ou douze ans qu'on n'avoit joué cette pièce. Dangeville et Dubreuil y jouent les deux vieillards *sous le masque*. C'est la seule pièce restée au théâtre où l'usage du masque se soit conservé. »

Toutefois, tandis que les anciens avaient le masque tragique et le masque grotesque, il semble bien que chez nous l'emploi du masque se soit exclusivement borné aux pièces du genre comique, peut-être même aux seuls rôles ridicules. Je ne saurais dire si les acteurs de Kioto ou de Yokohama ont renoncé au masque depuis aussi longtemps que les nôtres, mais je croirais volontiers que, pour eux aussi, son usage s'est borné aux pièces, ou tout au moins aux caractères comiques. Dans la petite exposition théâtrale japonaise dont je m'occupe ici, on a pu voir, dans une vitrine, une série de « masques japonais anciens ayant servi au théâtre et aux danses de Nô. » Cette petite collection, fort curieuse, comprenait seize masques d'homme, tous du genre grotesque, remarquables par leurs grimaces, et plus encore par celles des yeux que par celles de la bouche ; car ces yeux étaient tantôt démesurément ouverts, tantôt clignants d'une certaine façon, tantôt louchant, tantôt surmontés de sourcils absolument extraordinaires, prenant enfin toutes sortes d'expressions ridicules et burlesques.

On peut supposer, d'ailleurs, que les acteurs japonais actuels ne prennent pas moins de soin que les nôtres en ce qui concerne le costume et ses accessoires, sinon sous le rapport de l'exactitude historique telle que nous la comprenons et l'observons aujourd'hui, du moins pour ce qui est de l'ensemble et du détail de l'habillement considéré au point de vue scénique. La coiffure, entre autres, semble être de leur part l'objet d'une attention toute particulière, et l'on voit, par certaines estampes exposées, qu'ils prennent une peine infinie pour la disposer d'une façon conforme à l'âge, au caractère ou à la condition du personnage représenté. Plusieurs de ces estampes nous montraient en effet toute une série de « perruques de théâtre » et de coiffures diverses qui témoignent de leur sollicitude à cet égard, du soin qu'ils apportent à cette partie importante du costume. Il y avait là des modèles de coiffures de toutes sortes, coiffures de princesse, de courtisane, de servante, de jeunes garçons, de jeunes filles, qui présentaient de très nombreuses variétés et suffisent à nous donner une idée de la conscience qui préside chez eux à la pratique matérielle de l'art théâtral.

Une autre estampe, placée près de celle-ci, nous offrait précisément la vue de divers costumes de théâtre, pris cette fois dans leur ensemble et avec leurs détails les plus compliqués ; mais une autre, encore, attirait surtout les regards et excitait l'intérêt d'une façon toute particulière, d'abord par le fait de la scène qu'elle représentait avec un mouvement endiablé, ensuite en raison de son caractère éminemment populaire et du rare accent de vérité qui l'animait. Cette dernière nous montrait la « façade d'un théâtre au Japon », à l'heure évidemment où, près de commencer, le spectacle appelle à lui les amateurs d'impressions vives et de puissantes émotions. La place sur laquelle s'élève le théâtre est en ce moment remplie d'une foule aussi bariolée qu'affairée, composée de gens de tout âge, de tout sexe et de toute condition, riches ou pauvres, artisans ou bourgeois, qui accourent tous également au plaisir et dont la physionomie épanouie indique le contentement en quelque sorte préventif. Hommes, femmes, enfants, les uns en famille, en bande, pourrait-on dire, les autres seuls, ceux-ci à pied, ceux-là en chaise ou en voiture, débouchent de tous côtés, se pressent d'arriver non sans se bousculer quelque peu, se croisent, se heurtent, s'entre-choquent, et finalement assiègent les portes du théâtre, où tous vont chercher, avec la joie attendue, avec l'émotion que doit leur procurer la fiction dramatique, l'oubli de la fatigue du jour, la consolation des soucis et des tracas de la vie quotidienne. Il y a là un fouillis humain que l'artiste populaire a su rendre d'une façon très heureuse, avec une verve humoristique et une vivacité de crayon très intenses ; tout ce monde vit, marche, court, s'agite, grouille dans un ensemble plein de couleur et de mouvement, dans un tohu-bohu très amusant, très naturel à la fois et très caractéristique, et qui donne à cette gravure destinée au vulgaire toute la valeur d'un document original. On sent que cela est vrai, et pris sur le vif. Cela sert, en tout cas, à nous prouver tout l'attrait qu'exerce, sur le peuple japonais comme sur nous-mêmes, le plaisir du théâtre.

Pour en finir avec le Japon, je n'ai plus qu'à signaler toute une collection de « brochures japonaises anciennes relatives au théâtre », brochures d'apparence très curieuse, ornées de nombreuses images et qui, par leur âge, tendent à prouver que l'art du théâtre est depuis fort longtemps en honneur en ce pays, et une petite série de portraits d'acteurs célèbres représentés dans leurs principaux rôles; ces portraits sont de simples cartes photographiées, et ces acteurs sont des artistes contemporains dont voici les noms : Sadanji, Kikougoro, Kikisiki, Danjiure. Je ne sais rien autre chose en ce qui concerne ces Febvre et ces Delaunay d'un pays si éloigné et d'un art si différent du nôtre, pas même s'ils sont décorés, pas même s'ils sont professeurs au Conservatoire.

En dehors du Japon, cette petite exposition d'un caractère si étrange et si savoureux perdait un peu de son unité et ne nous offrait plus que quelques documents épars, curieux encore sans doute, mais d'un intérêt secondaire et que ne rattachait pas entre eux une communauté d'origine. Nous nous trouvions en présence d'une série d'estampes ou de photographies représentant des scènes ou des personnages que je ne saurais décrire, et que je ne puis faire connaître très sommairement qu'en reproduisant les courtes inscriptions dont chaque cadre était accompagné. L'un d'eux portait cette mention : « Acteurs siamois; acteurs cambodgiens; acteur annamite. » Un autre : « Chine : chanteurs et acteurs. » Un troisième : « Java : Bayadère et orchestre; Bayadères; Orchestre, dit Gamelong; Théâtre de marionnettes, dit Wayang - Koelis. » Plusieurs autres enfin représentaient des danseurs et danseuses, des chanteurs ambulants, des acteurs, lutteurs, prestidigitateurs, orchestres, charmeurs de serpents, etc., de l'Inde et du Japon.

En somme, et quelque incomplète qu'ait été — et que ne pouvait manquer d'être — cette modeste exhibition relative à la pratique de l'art théâtral dans les contrées de l'Extrême-Orient elle ne laissait pas, au moins en ce qui touche le Japon, d'offrir un intérêt très appréciable. C'est la première fois qu'il nous était donné de trouver ainsi groupés, réunis dans une sorte d'ensemble, un certain nombre d'objets et de documents concernant l'art et les artistes de ce pays, et le peu que nous en savons aujourd'hui ne peut que nous inspirer le désir de les connaître davantage et de trouver les moyens de les étudier d'une façon moins superficielle. Les relations établies à cette heure, l'échange fréquent des idées, la facilité relative des communications peuvent nous laisser espérer que ces moyens ne nous feront pas longtemps défaut, et que ce côté particulier de la civilisation d'un peuple si bien doué à divers points de vue ne demeurera pas toujours mystérieux et caché pour nous. Et qui sait si, malgré la perfection de notre théâtre, nous ne pourrions pas faire de ce côté quelques utiles emprunts, qui nous dit que nous ne trouverions pas là pour lui les éléments d'une sorte de renouvellement, qui nous permettraient de le varier, de le fortifier et de le rajeunir?

XI

THÉÂTRES ET SPECTACLES A L'EXPOSITION

Ce travail resterait incomplet si, pour le terminer, je ne réunissais ici quelques notes sur les divers théâtres, les spectacles de tout genre, de toute nature et de tous pays qui ont été l'une des joies et des distractions favorites des visiteurs de l'Exposition universelle. On sait que les organisateurs de cette entreprise merveilleuse, voulant faire une large part à la curiosité amusante, s'étaient proposé de placer toujours l'agréable à côté de l'utile, et nul n'ignore de quelle façon singulièrement heureuse ils avaient réalisé leur dessein. Au nombre des divertissements de toute sorte imaginés par eux se trouvaient donc plusieurs théâtres disséminés dans diverses parties de l'immense espace consacré à l'Exposition : à l'Esplanade des Invalides, dans le groupement formé par les exhibitions si pittoresques et si savoureuses des colonies françaises, le théâtre Annamite; au Champ de Mars même le Grand Théâtre de l'Exposition, qu'ont rendu fameux les représentations des Gitanas espagnoles, le Grand Théâtre International, où la troupe égyptienne du khédive obtint aussi un grand succès, et les Folies-Parisiennes, qui, elles, n'étaient guère autre chose qu'un café-concert sans originalité particulière.

En dehors de ces théâtres, il faut au moins consacrer un souvenir rapide à quelques spectacles dont l'étrangeté était faite pour piquer la curiosité du public avide de nouveautés. En premier lieu, le pavillon des gentilles et si gracieuses danseuses du Kampong javanais; puis, les exercices plus effrayants que réjouissants des Aïssaouas; la tente marocaine de la rue du Caire, où les amateurs allaient contempler la danse du ventre et les exploits du derviche tourneur; enfin, les séances du Concert tunisien, où, entourée de ses compagnes trônait la belle Fatma, de son vrai nom Rachel Bent-Eny. Quand nous aurons rapidement passé tout cela en revue, rien ne nous sera plus étranger de tout ce qui concernait le théâtre à l'Exposition universelle.

LE THÉÂTRE ANNAMITE

Au point de vue spécial qui nous occupe, le *clou* de l'Exposition était certainement le Théâtre Annamite de l'Esplanade des Invalides, qui pendant cinq mois, jour et soir, n'a cessé d'attirer la foule. C'est qu'il y avait là, pour nous autres Français, soit délicats et

raffinés, soit simplement curieux, la révélation d'un art inconnu,
étrange, très brillant, dont, ignorants de la langue employée, nous
ne pouvions assurément saisir les détails, mais qui nous frappait à
la fois non seulement par son caractère de nouveauté, mais, d'une
part, par son accent de sincérité, de l'autre par sa bizarrerie naïve et
par un mélange de luxe et de simplicité tout à fait particulier. Le
spectacle curieux nous prenait d'abord par les yeux, et, quoique forcément étrangers à l'action qui se déroulait devant nous, notre intérêt finissait par être excité et par devenir très réel. Nous éprouvions
là, presque instinctivement, le sentiment d'une forme d'art très intéressante, très intelligente, très compliquée, qui nous frappait surtout par son côté extérieur et plastique, mais qui certainement avait
une valeur indéniable.

Dans les premiers jours de juin, a dit un chroniqueur, les visiteurs de
l'Exposition qui se trouvaient, vers midi et demi, à l'Esplanade des Invalides, dans les environs du palais de l'Annam, ont assisté à un spectacle surprenant. Ils ont vu défiler une procession d'Annamites en grand
costume d'apparat, le visage peint de bigarrures étranges, marchant aux
sons discordants d'un orchestre bruyant de tam-tam et de trompettes
criardes, et précédés d'un mandarin à l'air farouche, qui se livrait à une
mimique assez animée pour faire écarter la foule des curieux. Deux de
ces Annamites portaient un Bouddha doré et les autres tenaient deux
riches parasols à longs manches, des drapeaux multicolores de formes
carrée et triangulaire, ou bien des hallebardes munies d'une large lame
d'acier.

C'étaient les acteurs du Théâtre Annamite qui, avant d'inaugurer la
scène sur laquelle ils allaient donner des représentations au public de
l'Exposition, venaient placer solennellement dans les coulisses, selon
l'usage de l'Extrême-Orient, l'image de leur idole, qu'ils avaient apportée
de Saïgon. Bouddha protège, en effet, l'industrie, les arts et la guerre,
et sa présence est nécessaire à la réussite de toute entreprise. Aussi un
bon Annamite ne saurait se soustraire à cette pieuse coutume, même sur
l'Esplanade des Invalides, et le directeur de la troupe théâtrale de l'Exposition coloniale n'aurait pas voulu ouvrir sa salle aux Parisiens sans
s'être préalablement placé sous la haute protection de son dieu, dont la
sérénité lui enseigne sans doute la résignation dont il a besoin pour faire
jouer les pièces de son répertoire devant un public profane, qui paraît
tout déconcerté par le bruit assourdissant et discordant des instruments
et par les cris aigus des acteurs. L'installation du Bouddha s'est donc
faite avec tout le cérémonial accoutumé, avec les prosternations et les
invocations de rigueur, exactement comme elles se seraient faites sur le
territoire de la Cochinchine pendant les pérégrinations de la troupe (1).

Nous verrons tout à l'heure ce que sont les pratiques artistico-
religieuses des comédiens annamites.

---

(1) Louis Rousselet : *L'Exposition universelle de 1889* (Paris, Hachette), in-8°.

Le **Théâtre Annamite** — dont l'inauguration officielle eut lieu le 5 juin — est une sorte de grand pavillon rectangulaire en bois, d'un aspect extérieur assez simple. Lorsqu'on a franchi le contrôle, où se tient, impassible dans sa robe soyeuse d'un mauve clair et caressant, une jeune Annamite charmante, femme de l'interprète de la troupe, lorsqu'on a traversé un vestibule peint en bleu avec une bordure rouge, on pénètre, par une petite porte de forme orientale et tendue d'étoffes, dans la salle proprement dite. Celle-ci, à peu près carrée, peut contenir de quatre à cinq cents spectateurs. Sur trois côtés sont disposés, comme dans un cirque, des gradins s'étageant jusqu'à un promenoir qui s'étend tout au-dessus d'eux ; le quatrième côté est occupé par la scène, qui mord profondément sur l'orchestre — ou le parterre, comme on voudra l'appeler. Cette disposition est exactement celle d'un de nos cirques, un jour de concert. Les places d'orchestre se paient 5 francs ; les premières, 2 francs ; les secondes, 1 franc ; enfin, le promenoir, 50 centimes. On assure qu'avec ces prix le Théâtre Annamite n'a pas encaissé moins de 230,000 francs au cours de sa saison. Il est vrai qu'il ne donnait pas moins de *huit* représentations quotidiennes : cinq d'heure en heure dans la journée, à partir d'une heure et demie, et trois le soir, à partir de huit heures ! C'est à se demander comment les malheureux acteurs pouvaient y tenir. Ceux-là n'ont pas dû connaître beaucoup Paris !

Ces acteurs faisaient partie d'une troupe nomade comme celles qui, chez nous, parcourent les départements et s'en vont de ville en ville. C'est la mode aussi là-bas, où il existe très peu de théâtres fixes et où les comédiens de la Cochinchine, de l'Annam et du Tonkin parcourent ainsi le pays incessamment. La troupe de l'Exposition, qui vraisemblablement n'avait jamais entrepris une aussi ample excursion, est, dit-on, l'une des meilleures qu'on ait connues à Saïgon, et elle étend d'ordinaire ses voyages jusqu'aux provinces méridionales de la Chine, où ses grands drames si mouvementés obtiennent le plus vif succès. Elle était réunie ici au nombre d'une quarantaine de personnes, en y comprenant les musiciens (!) et les employés.

Le directeur, Nguyen Dong Tru, qui est aussi l'auteur des pièces qu'il fait représenter et pour qui le théâtre est une véritable passion, est un jeune Annamite de vingt-cinq ans environ, le seul de son personnel qui sût dire quelques mots de français d'une façon à peu près intelligible. L'un de ses premiers artistes était Nguyet, un comique fort intéressant ; il y avait Thô, qui faisait le roi avec beaucoup de dignité et dont le visage était fort expressif, puis Chô et Thinh, qui jouaient les mandarins ; puis encore Qui, remarquable dans les sorciers, Thao, Dang, Rit, Phung... Enfin, contrairement

à la coutume annamite, où, comme dans le théâtre antique, les rôles
féminins sont tenus par de jeunes hommes imberbes, Nguyen avait
amené ici deux jeunes femmes charmantes, Tani et Guong, qui tenaient leur emploi de la façon la plus gracieuse (1).

Les acteurs annamites prennent leur art très au sérieux. Quelques-
uns ont exagéré sans doute en assurant qu'ils n'abordaient la scène
qu'après dix années d'études préparatoires ; mais il est certain que
ces études sont d'autant plus importantes qu'il leur faut avant tout
se familiariser, d'une manière absolue, avec la langue des lettrés,
langue toute spéciale et dans laquelle les pièces sont écrites, qu'ils
doivent apprendre les rôles de tous les ouvrages du répertoire,
qu'ils sont tenus à certains exercices physiques relatifs aux marches
et aux danses à exécuter sur la scène, enfin qu'ils sont obligés à un
exercice d'un autre genre pour amener leur voix au diapason effroyablement aigu qui leur permet par instants non de parler, mais
de crier, de hurler, si l'on peut dire, de façon à couvrir jusqu'au
bruit de leur orchestre pourtant si bruyant.

En dehors de leur talent, ils poussent fort loin la science du costume, et surtout de ce qu'on peut appeler le *grimage*. L'art de « faire
sa figure, » comme disent nos comédiens, est en effet pour eux
fort important et autrement compliqué. C'est que l'acteur annamite
ne doit pas seulement indiquer, par l'aspect de sa physionomie, son
âge et son rang social : grâce à certaines conventions, il faut aussi
qu'il fasse connaître exactement, dès son entrée en scène, la position qu'il occupe dans la vie, de telle sorte que le spectateur ne s'y
puisse tromper. Ainsi, un roi ou un prince du sang royal doit avoir
le visage recouvert d'ocre rouge, sans autre tatouage, tandis qu'un
mandarin chef d'armée, un pirate chef de bande se zèbre la figure
de blanc et de noir de façon à présenter la face d'un tigre, dont il
porte d'ailleurs le nom comme un titre ; avec cela, des moustaches
effarouchantes, rouges ou noires, et des barbes invraisemblables.
Quant au mandarin civil, il est presque toujours marqué d'une teinte
grisâtre, avec une longue barbe tombante, attribut de l'âge, de la
sagesse et de l'expérience. Pour ce qui est des serviteurs, ils ont
simplement une ligne blanche ou noire sur les joues, parfois des
espèces de lunettes dessinées autour des yeux, et c'est tout. Ajoutons
que les femmes ne se griment jamais.

Les grands personnages sont revêtus du costume d'apparat en
usage dans les circonstances solennelles : grande robe à larges manches en soie richement brodée, dont les dessins, de couleurs très
diverses et très voyantes, figurent des animaux fantastiques ; un

---

(1) On n'est pas d'accord sur leurs noms, car certains chroniqueurs les
ont présentées au public sous ceux de Tau et Tu.

cerceau qu'ils ont autour de la taille, à une certaine distance des hanches, permet de relever, en arrière et à sa hauteur, deux pans de la robe, de telle façon qu'ils ressemblent aux ailes de certains canards chinois. Pour coiffure, un casque doré en forme de tiare, souvent orné de plumes, qui se porte un peu en arrière et qui recouvre les cheveux, noués sur le sommet de la tête et enveloppés d'une sorte de serre-tête noir. On comprend, en les voyant ainsi vêtus, les scènes que leurs peintres reproduisent sur le ventre des potiches. Le costume des femmes est d'une richesse extrême et plein de grâce ; leur coiffure est charmante, et elles portent leurs robes de soie et de brocart avec une rare élégance. Elles sont chaussées. Si je fais cette remarque, c'est qu'elles sont à peu près les seules qui se permettent ce luxe. Dans une de leurs pièces, j'ai vu tous les acteurs pieds nus, à l'exception d'un seul mandarin.

J'ai parlé de la ferveur religieuse des acteurs annamites, pour qui le culte de Bouddha s'enchevêtre avec le culte de l'art. Nous les avons vus placer l'image de leur dieu dans l'intérieur de leur théâtre pour implorer sa protection. Il faut ajouter qu'ils n'entreraient pas une fois en scène sans faire leurs dévotions devant cette image. Un écrivain qui pendant leur séjour ici les a pratiqués d'une façon toute spéciale, qui les a bien et de près étudiés, M. Ernest Laumann, en parle ainsi à ce sujet, en décrivant les coulisses et l'autel devant lequel ils font leurs invocations (1) :

Nous sommes dans un endroit qui tient du foyer et du temple. C'est une sorte de long couloir percé de trois baies ouvrant de plain-pied sur la scène et masquées de draperies en portières. Au centre, accotée au mur du fond et face à la baie centrale, une petite table tendue de rouge, sorte d'autel formant un carré dont la face, qui rentre d'une dizaine de centimètres au centre, permet aux deux coins de se développer en avant. Ce carré de bois rouge est enjolivé de lignes d'or qui exécutent leurs méandres en fines nervures capricieuses ; les coins seuls, plus lourds, présentent un enchevêtrement de caractères mystiques, légendes attestant le mérite et la valeur des Dieux.

Cet autel est recouvert, à son centre seulement, d'une sorte de toit plat simulant la tuile, en bois de teck. A son ombre trois fauteuils où sont affalés, en de ridicules positions de marionnettes, trois bonshommes habillés d'un pantalon blanc et d'une veste verte à boutons d'or. Flanquant ce premier groupe, deux bonshommes sont également assis à gauche et à droite, sorte de gardiens du temple et qui semblent chargés de la garde perpétuelle des idoles. Devant, et dans un buisson d'odorantes

---

(1) Il n'y a pas à proprement parler de coulisses, puisque la scène, complètement nue et sans décors, n'est qu'une estrade élevée sur l'un des côtés de la salle. C'est l'espace situé derrière cette estrade, c'est-à-dire ce qu'est chez nous le fond du théâtre, qui tient lieu tout à la fois de loges, de coulisses et de foyer.

baguettes éteintes, une baguette allumée laisse flotter son parfum mystérieux dans l'air alourdi (1), et à ses côtés des fruits et des gâteaux d'offrande attestent aux dieux du dévotisme des acteurs. Avant d'entrer en scène, l'artiste s'arrête devant cet autel, joint les mains et, d'un geste lent, les lève et les abaisse trois fois, demandant au dieu la faveur d'un public indulgent et la force de remplir son pénible rôle (2).

Voyons enfin ce qu'est la scène du Théâtre Annamite. Pas autre chose qu'une estrade, je l'ai dit, sur laquelle, comme au Japon, les acteurs sont entourés de trois côtés par le public. Cette estrade, à laquelle on pourrait plutôt encore donner le nom de plate-forme, car elle est entièrement découverte, peut avoir environ dix mètres de large sur quatre de profondeur. Pas de rideaux, pas de décors, à peine quelques accessoires indispensables. Les entrées et les sorties se font toutes forcément par le fond, lequel présente, on l'a vu, trois baies, fermées par des tapisseries éclatantes. Entre ces baies et au-dessus d'elles la cloison, qui forme le fond du théâtre et qui sépare la scène du foyer (ou des coulisses, comme on voudra), est partagée dans sa partie supérieure en trois panneaux sur lesquels sont peints, en couleurs voyantes, les épisodes les plus animés des drames les plus émouvants du théâtre annamite (3).

(1) On se rappelle ces petits paquets de baguettes rouges odorantes que, pour dix centimes, de jeunes Annamites offraient et vendaient au public sur l'Esplanade des Invalides.

(2) *Art et Critique*, 1889, n° 16.

(3) La cloison qui se dresse au fond de la scène est partagée en trois grands panneaux qui occupent la partie supérieure. Nous avons assisté au travail des peintres annamites qui ornent ces panneaux de scènes empruntées au répertoire des drames les plus célèbres.
Rien de plus curieux que le spectacle de leur habileté. Il se trouvait justement que chacun de ces trois panneaux était à un degré différent d'avancement, esquisse, dessin, peinture. L'esquisse est à peine indiquée par un trait vague, imperceptible, au charbon, qui enveloppe les formes générales de la scène. Le dessinateur vient ensuite avec un pinceau trempé dans la couleur noire. Avec une étonnante sûreté de main, il pousse le trait, il établit les ombres, les reliefs, et les moindres détails des figures. Les personnages naissent sous sa main, sans retouche, sans hésitation, immédiatement. Tantôt il commence par une main, tantôt par un pied, qu'il trace avec une infinie délicatesse; puis les corps sont dessinés à grands traits de pinceau, avec les plis des vêtements. Une partie n'est abandonnée qu'après être achevée. Rien de plus amusant que la confection des figures. On voit sortir d'abord une moustache hérissée, effrayante; puis des yeux féroces se superposent à la moustache; enfin le tour du visage, les traits et les coiffures se détachent comme par enchantement.
Quand le dessin est fini et poussé très loin, il est livré au peintre. Celui-ci a une demi-douzaine de petits pots remplis de couleurs écla-

Là, comme chez nous, de nombreuses conventions, qui, après tout, ne sont pas plus grossières que les nôtres, bien qu'elles nous paraissent étranges parce que ce ne sont pas celles auxquelles nous sommes accoutumés. D'abord, comme il n'y a point de décors, il faut bien, d'une façon quelconque, donner au spectateur la pensée, l'illusion du lieu où le transporte l'action. Le procédé, comme on va le voir, est d'une simplicité élémentaire, et c'est M. Ernest Laumann, déjà cité, qui va nous le faire connaître :

Une scène se passe-t-elle dans un palais, une table, des sièges, font la décoration. Au contraire, si elle a lieu dans la campagne, au bord de l'eau, une natte fait la rivière. Dans un pays montagneux, un tabouret représente la montagne, et enfin, si, comme cela arrive souvent dans les pièces annamites, une scène se passe dans le ciel, le même tabouret va figurer un nuage. Nous pourrions multiplier encore ces exemples, mais ceux-ci suffisent pour démontrer à quel naïf point de départ en est encore le côté scénique de l'art dramatique en Extrême-Orient.

Voici pour les décors ; passons aux personnages. Un mandarin conduit une armée à la guerre ; ce mandarin est à cheval ; une simple cravache qu'il tient attachée au poignet et dont il se sert quelquefois pour frapper sa botte de feutre, indique le fait aux spectateurs. Si, comme nous le disions plus haut, le ciel devient le lieu de l'action et que l'un des personnages soit doué d'un pouvoir magique qui lui permet de voler, deux petits drapeaux attachés sous les aisselles figurent les ailes. Le public n'en demande jamais plus, tant l'hyperacuité de leur sens inventif sait suppléer à l'insuffisance des moyens employés. Et il est à noter qu'en Annam le théâtre est très en faveur, aussi bien pour le public lettré que pour celui de la caste inférieure (1).

Comme dans tout l'Extrême-Orient, les pièces du théâtre annamite sont des espèces de longues épopées dont la représentation exige plusieurs jours, et qui sont divisées en épisodes importants dont chacun forme un spectacle complet. Ces divers fragments portent tous le même titre général, mais avec un sous-titre particulier à chacun d'eux. Ce sont pour la plupart de grands drames à l'action très compliquée, où l'élément militaire joue un grand rôle, et où cette action se déroule à travers des duels, des meurtres, des

---

tantes. Aucune trace de palette. L'artiste prend d'abord le pot de rouge, et, en un clin d'œil, il a couvert tous les espaces, même les plus petits, réservés à la couleur rouge ; de même pour les autres nuances, et la décoration se trouve ainsi complète et parfaite, grâce à la division du travail.

Ces ouvriers font œuvre d'artiste par les résultats, non par les moyens. Il est probable qu'ils sont dressés dès l'enfance à peindre ces sortes de sujets. Ils n'ont plus besoin d'esquisse ni d'études. Ils font cela *de chic*, facilement, gaiement, rapidement.

(1) *Art et Critique*, 1889, no 15.

vengeances, des combats, des poursuites, des trahisons, le tout entremêlé de danses, de cortèges et de défilés de toutes sortes. L'élément passionnel n'en est pourtant pas exclu, et l'on y trouve parfois des scènes d'amour touchantes et expressives. De même, la fantaisie s'y mêle parfois au drame et y insère une note toute particulière. Voici d'ailleurs une analyse aussi exacte que possible de la première pièce que les acteurs annamites ont offerte au public de l'Exposition, *le Roi de Duony* :

Un jour, Chieu-Où invite son beau-frère, le roi de Duong, Ly-Tieng-Vuong, à venir assister à un festin qu'il donne, en vassal respectueux, à son maître et à son parent.

Mais voici que quatre mandarins pervers conseillent à Chieu-Où de se débarrasser du roi et de monter sur le trône. La convoitise chuchote aussi ses conseils dans l'esprit de Chieu-Où, qui consent à tramer dans l'ombre un attentat horrible contre la personne sacrée du roi.

Au loin, les fanfares éclatent en notes joyeuses et triomphales, annonçant l'arrivée de Ly-Tieng-Vuong, qui descend devant le palais au milieu de l'allégresse et des honneurs.

Mais Ly-Tieng-Vuong a trois mandarins fidèles et fervents qui veillent sur leur maître. Ils ont surpris les allures suspectes des mandarins Thiet-Hoai, Thiet-Hò, Thiet-Long et Thiet-Phuong, et ils conseillent au roi de fuir une hospitalité qui cache des traîtrises et peut-être des meurtres silencieux.

Le roi, pris de crainte, s'enfuit avec ses mandarins, et les voilà errants dans les rizières bleutées ; en passant sur le fleuve, *Auh Trung* (le hasard meurtrier) fait que l'un des mandarins se noie et Ly-Tieng-Vuong reste avec ses deux seuls amis.

Chieu-Où, voyant ses projets dévoilés et son ambition mourir à l'aube de la réussite, envoie les quatre mandarins, accompagnés d'innombrables guerriers, à la poursuite du roi.

Il ne faut pas que Ly-Tieng-Vuong regagne son royaume et la demeure paisible où ses épouses désolées attendent son retour.

Thiet-Hoai, Thiet-Hò, Thiet-Long et Thiet-Phuong arrivent avec leur troupe, le roi est cerné et les régicides mettent le feu aux plaines infinies pour faire mourir le roi.

Dans l'incendie, Thiet-Phuong perd la vie.

Mais ne voyant pas revenir le roi, le fils adoptif de Ly-Tieng-Vuong rassemble aussi des troupes et accourt au-devant de son maître.

Il rencontre les armées du traître, la bataille s'engage, terrible, les hommes tombent. Enfin, le roi est sauvé et revient au milieu de l'allégresse générale, précédé et suivi des armes étincelantes des guerriers, sous le chaud soleil qui fait miroiter les *co* aux plis ondoyants et dans le concert des *lay* de joie de tout un peuple prosterné.

Les acteurs annamites nous ont représenté ici quatre des pièces de leur répertoire ; mais de ces quatre pièces, trois n'étaient, selon ce que j'ai dit plus haut, que des épisodes d'un grand ouvrage intitulé *le Roi de Duong*. La première, qui portait ce titre, est celle dont on vient de lire l'analyse ; la seconde, qui en était la suite, avait pour sous-titre *Nuy-Ho* (Cinq tigres mandarins), et la troisième, suite de celle-ci, était intitulée *Vo-Hau*. La quatrième, indépendante des précédentes, était une féerie qui avait nom *Lé Hué* (La Rose), une féerie sans trucs et sans changements à vue, où l'imagination du spectateur doit faire beaucoup de frais pour se représenter ce qu'on ne peut offrir à ses yeux.

Mais on pense bien que pour les spectacles donnés à l'Esplanade des Invalides, et dont la durée n'atteignait même pas une heure, il avait fallu pratiquer de larges coupures dans le dialogue et dans l'action de chacune de ces pièces. Restaient-elles suffisamment intelligibles ? c'est ce qu'aucun spectateur parisien sans doute ne saurait dire. La curiosité du public cosmopolite de l'Exposition était uniquement excitée par le spectacle des yeux, si nouveau, si curieux, si étrange, parfois si saisissant, si différent surtout de tout ce qu'on avait vu jusqu'à ce jour en Europe.

Décrire ce spectacle n'est pas chose facile. Nulle surprise d'abord pour commencer, puisque la scène, que ne cache aucun rideau, est immédiatement visible au spectateur dès qu'il pénètre dans la salle. Avant la première entrée des acteurs, quatre musiciens, aux instruments criards et discordants, viennent y prendre place, deux à droite, deux à gauche ; un cinquième, placé dans un des angles du fond, est chargé d'une sorte de grosse caisse dont il se sert en conscience. Ces cinq « artistes, » du reste, n'interrompent pas un seul instant, tout le long de l'action, leur musique enragée. Enfin la pièce commence, et dès l'abord on est étonné des cris farouches, des hurlements forcenés auxquels, dans certaines situations, se livrent les acteurs ; ces cris effroyablement stridents, mais plus prolongés que les sifflets de nos locomotives, sont véritablement déchirants pour nos oreilles lorsqu'ils sont poussés à la fois par plusieurs d'entre eux, comme il arrive fréquemment. Ils y joignent parfois une mimique effrénée, mais qui ne laisse pas d'être par instants très expressive, et l'on se demande comment, avec les peintures de leur visage, avec leurs moustaches hérissées, leurs barbes épaisses, ils peuvent donner à leur physionomie tant de mobilité et des aspects si divers. Leurs jeux de scène, dans les épisodes dramatiques, sont véritablement excessifs, et à leurs cris aigus se joignent des gestes en quelque sorte épileptiques et les mouvements les plus étranges.

Puis, à des scènes très animées succèdent de temps à autre des dialogues tranquilles, dans lesquels ils parlent avec beaucoup de calme et de naturel. Mais, ce qui est curieux, ce sont les combats, les poursuites, les cortèges, qu'accompagnent les hurlements ordinaires. Dans ces poursuites, dans ces cortèges, on voit se produire

7

ce qu'on a tant raillé naguère dans ceux de nos théâtres où l'on jouait des pièces militaires; c'est-à-dire que pour faire illusion sur le nombre, les figurants qui sont entrés par l'une des portes du fond et qui, après avoir traversé la scène, sont sortis par l'autre, rentrent en courant par la première pour ressortir par la seconde et recommencent cinq ou six fois ce manège. Dans ces parties de l'action, tous les personnages se livrent à un mouvement endiablé, à un bruit infernal, et (ceci est une de leurs nombreuses conventions) ils sont excités et surexcités par le régisseur, qui ne se gêne pas pour pénétrer sur la scène, où sa présence et ses exhortations maintiennent chacun dans le droit chemin.

Parfois le chant ou la danse vient se mêler au dialogue, mais seulement pour les personnages prenant part à l'action, car les figurants ne chantent ni ne dansent jamais. Dans une de leurs pièces j'ai vu une des deux femmes (je ne saurais dire si c'est Tani ou Guong) faire preuve dans une sorte de mélopée langoureuse d'une voix, ma foi ! fort agréable. Quant à la danse, elle n'offre guère autre chose que des attitudes. Pour les hommes, elle consiste surtout à se tenir en équilibre tantôt sur une jambe, tantôt sur l'autre, à tourner sur soi-même les bras en avant, soit la main fermée avec deux doigts levés à la façon sacerdotale, soit la main tout ouverte et la paume projetée en avant ; pour les guerriers, elle se termine par une sorte de saut périlleux accompagné d'un grand cri. En ce qui concerne la femme, c'est plutôt une série de gestes lents et harmonieux, empreints d'une rare souplesse, par lesquels elle décrit autour de son corps, divers signes d'un caractère particulier.

Certaines scènes sont tout à fait singulières; ainsi dans *Vo Haü*, celle où l'on voit Ky-Loan-Auh, épouse du pirate Tiet-Cuong, prise en scène des douleurs de la maternité. Elle s'éloigne alors vers le fond, tourne le dos au public et s'accroupit par terre, pendant que ses serviteurs, se groupant autour d'elle et formant un demi-cercle, la cachent complètement aux yeux des spectateurs. Puis, lorsque l'événement s'est produit, elle se retourne, tenant dans ses bras une poupée qui figure le jeune citoyen auquel elle vient de donner le jour. Cela est d'une étonnante naïveté.

En résumé, le Théâtre Annamite a été, à son point de vue spécial, l'un des attraits les plus curieux de l'Exposition universelle. Si, par le fait de notre ignorance de la langue, il ne pouvait nous donner une idée même approximative de la valeur littéraire des œuvres qu'il faisait passer sous nos yeux, il nous a du moins familiarisés avec le côté extérieur et plastique d'un art sous ce rapport très particulier, très riche, très brillant, il nous a mis au fait de coutumes scéniques absolument différentes des nôtres, dont nous n'avions aucune notion, et si malheureusement nous étions dans l'impossibilité d'apprécier le talent des acteurs, aussi bien que la nature des pièces jouées par eux, le spectacle qu'ils nous offraient n'en était pas moins digne de nous inspirer un intérêt très réel et très vif (1).

LE THÉATRE INTERNATIONAL

L'Exposition était, je crois, déjà ouverte, lorsque la concession de ce théâtre fut accordée à un Anglais, M. Seymour Wade, qui, par conséquent, n'avait pas de temps à perdre pour se mettre en mesure d'en tirer profit. Il se mit à l'œuvre aussitôt, et en *trente-cinq* jours le théâtre fut construit, un théâtre pouvant contenir environ 2,500 spectateurs. Il était situé en bordure de l'avenue de Suffren, parallèlement et à côté du Grand Théâtre de l'Exposition, dont j'aurai à parler tout à l'heure, tout près du Globe terrestre et de ce superbe palais Mexicain, si curieux et si caractéristique. La salle, malheureusement assez mal éclairée d'ordinaire, comprenait un vaste parquet, qu'une balustrade séparait d'un large pourtour-promenoir, au-dessus duquel s'élevait un spacieux amphithéâtre. Point de richesse d'ailleurs, point d'apparence de décoration. On se serait cru volontiers dans un de ces grands cafés-concerts qu'on élève pour la circonstance dans les grandes foires de province. La scène ne manquait pas d'étendue, mais, dépourvue de rampe, elle était, elle aussi, fort mal éclairée, et restait constamment dans une sorte de pénombre qui nuisait considérablement à l'effet et qui, lors des représentations pourtant fort intéressantes de la troupe égyptienne, ne permettait que de voir fort mal des décors qui ne laissaient cependant pas que de présenter un certain caractère d'originalité. Partout dans ce théâtre on fumait et l'on buvait. Le prix des places était de 5 francs à l'amphithéâtre, 2 francs au parquet et 1 franc au pourtour. Quatre représentations avaient lieu chaque jour, deux dans la journée, à trois heures et quatre heures et demie, deux le soir, à huit heures et neuf heures et demie.

Le Théâtre International fit son inauguration le samedi 6 juillet. Il n'offrit d'abord au public rien de particulièrement original, et ses spectacles n'étaient guère autre chose que ceux qu'on voit dans nos cafés-concerts bien achalandés. Entre autres attraits, on y eut les expériences d'un prestidigitateur fort habile et bien connu du public parisien, M. Buatier de Kolta, et les imitations très amusantes

---

(1) Après cinq mois environ passés parmi nous, tout le personnel du Théâtre Annamite a quitté Paris le 9 novembre, et s'est embarqué peu de jours après à Marseille, fort désireux sans doute de revoir le pays natal.

d'un artiste aussi très habile en son genre, M. Pichat. A cela se joignaient des tableaux vivants, l'exécution de chants nationaux de divers pays par un chœur de trente voix d'hommes, etc.

Mais ceci n'était que peloter en attendant partie et M. Seymour Wade préparait un coup de maître. Il avait entamé des négociations avec M. Soliman Cardahi, directeur, non point, comme on l'a dit, de l'Opéra khédivial du Caire, mais d'une troupe de danseuses, chanteuses, lutteurs, etc., dépendant peut-être de ce théâtre et du Khédive, mais n'ayant assurément, malgré son spectacle très savoureux, très original, aucun rapport avec l'importante scène lyrique égyptienne où l'on représente, tout comme sur nos grands théâtres d'Europe, les œuvres du grand répertoire musical international. Ces négociations avaient abouti, et M. Cardahi avait obtenu du Khédive l'autorisation d'amener à Paris une troupe d'une trentaine d'artistes, choisis parmi les meilleurs de son personnel. Cette troupe, conduite par lui, s'embarquait à Alexandrie le samedi 17 août, à destination de France, arrivait à Paris huit jours après, le 24, et donnait, le 31, sa première représentation au Théâtre International. Je ne crois pouvoir mieux la faire connaître qu'en reproduisant ici le programme, à la saveur exotique assez prononcée, qui se vendait à l'intérieur du théâtre et qui donnait tous les détails du spectacle.

Voici d'abord pour le personnel et les principaux artistes :

La troupe a été soigneusement choisie par M. Soliman Cardahi, directeur du Théâtre Arabe à l'Opéra Khédivial du Caire, qu'il a accompagnée en France et qui est le seul qui a eu de grands succès auprès du gouvernement égyptien.

La troupe se compose de trente des meilleurs artistes et se divise en chanteuses, danseuses, musiciens, lutteurs, escrimeurs, joueurs de bâton et de naboute.

Les chanteuses sont les célèbres *Zénabe Effendi, Labiba Effendi* et *La Haneme Effendi*. Les danseuses, les charmantes *Choke Effendi, Amina Effendi, Latifa, Salime* et *Farida Effendi*.

Les musiciens renommés sont: *Cheik Ali Osman, Cheik Mohamed* et *Selim Mahmoude*. Il y a en outre trois musiciens pour la musique de danse.

Les grands lutteurs de l'Orient *Hassan Moustapha*, ancien lutteur de Abdel-Kader, et *Ali Abou-Housman*.

Les escrimeurs de première force, *Joseph Sâbe*, qui a reçu de grandes récompenses de Rodolphe, kronprinz d'Autriche, de l'empereur Nicolas de la Russie et de l'empereur du Brésil; *Habib Effendi Fadoule*, le célèbre Syrien, et *Kali Effendi*. Il y a aussi chez eux des joueurs de canne, etc.

Tous ceux-ci étaient ce que nous appelons chez nous « les vedettes. » Si les femmes étaient « célèbres » ou « charmantes, » on voit que les hommes ne leur cédaient en rien, puisqu'ils étaient « renommés, » ou « grands, » ou « de première force ». Les cadres de la troupe étaient remplis par les emplois secondaires et par les chœurs de chant ou de danse. Après les renseignements sur le personnel, le programme nous offrait des détails sur le spectacle :

La scène représente la forêt du Mont-Liban, en Syrie.

Tableau I. — Les Árabes se vengent du grand héros Antare. — Tableau II. — La chanson d'amour, par Zenabe et sa compagnie, et des danses par Latifa avec le sabre.

Décor fantastique.

Tableau III. — Jeux d'escrime donnés par Joseph Sâbe et Habibe Effendi Fadoule. — Tableau IV. — Les lutteurs Hassan Moustapha et Ali Abou Housman.

Décor rue de la Mosquée, au Caire.

Tableau V. — Les jeux de canne, par Mohamed Mabou et le nègre Hassan. Jeux de naboute, par Eliasse Ab-Dou et Joseph Sâbe.

Pour le jour, Décor Salle Egyptienne.
Décor pour la nuit, Fontaines lumineuses.

Tableau VI. — La danse, par Choke Effendi. — Tableau VII. — La danse, par Amina Effendi. — Tableau VIII. — La danse, par Farida Effendi. — Tableau IX. — La danse, par Ahaneme Effendi. — Tableau X. — La danse, par la négresse Hadame. — Tableau XI. — Les chants, par Ali Housman et compagnie. — Tableau XII. — Les chants, par Zenabe et deux nègres. — Tableau XIII. — Danse par toute la troupe.

Le programme nous faisait connaître en outre que les décors étaient « peints par le célèbre Mancini, d'après l'Opéra khédivial du Caire. » C'était, comme l'indique le nom du peintre, des décors à l'italienne, mais qui ne manquaient ni de caractère, ni de *chic*, ni de pittoresque. Entre autres, celui qui représentait la rue de la Mosquée, au Caire, était curieux comme plantation et comme effet. Enfin, une dernière mention, tranchant avec le reste et n'ayant plus rien d'égyptien, nous annonçait « Gauthier et son orchestre. » En effet, un orchestre parfaitement européen, placé au fond de l'amphithéâtre et face à la scène, invisible par conséquent pour les spectateurs du fond du parquet ou du pourtour, occupait les entr'actes, pendant lesquels il se faisait entendre. Et c'était un singulier effet pour les oreilles musicales que les sons de cet orchestre, faisant succéder les tonalités de notre système européen à la musique, étrange pour nous quoique non toujours sans charme, qui accompagnait toujours sur la scène les chants, les danses et les combats. L'alternance de ces deux modes de musique produisait un contraste saisissant.

On a vu, par les détails mêmes du programme, qu'il ne s'agit pas ici, comme au Théâtre Annamite, d'une manifestation littéraire et véritablement scénique, d'un spectacle suivi, logique, regulier, nous offrant une action dramatique empreinte d'un intérêt passionnel plus ou moins vif et se présentant à nous comme un reflet des mœurs, de la civilisation, des coutumes et des tendances intellectuelles d'un peuple. Ceci n'est qu'un spectacle de curiosité pure, formant une succession de tableaux pittoresques et nous mettant simplement au fait des distractions plus ou moins délicates d'un pays où l'art dramatique n'existe en aucune façon, et où l'on ne se propose ainsi d'autre but que d'amuser, de caresser, de bercer en quelque sorte les yeux et les oreilles. Ce ne sont que chants, danses, exercices de corps et d'adresse d'un genre particulier, qui tiennent à l'art d'une façon presque indirecte et par un fil assez ténu, mais qui n'en sont pas moins intéressants pour nous autres Européens (je parle de ceux qui n'ont jamais mis le pied sur la terre d'Afrique), parfaitement ignorants des plaisirs de ce genre qu'on goûte en Orient et qui n'exigent du spectateur qu'une contemplation passive et silencieuse. Ici point de passion, point d'émotion, aucun trouble possible pour l'esprit, nulle part faite au cœur ou à l'intelligence, mais une jouissance calme, paisible, sans surprise et sans secousse, qui s'accorde on ne peut mieux avec le flegme habituel, imperturbable, de la race à laquelle elle est destinée.

C'est au Théâtre International, et par les sujets féminins de la troupe égyptienne de M. Soliman Cardahi, que j'ai eu pour la première fois le plaisir (?) de contempler cette chose étrange qui s'appelle « la danse du ventre », que je devais retrouver partout ensuite, dans les cafés de la rue du Caire, au Souk tunisien, l'Esplanade des Invalides, et qui pendant plusieurs mois semble avoir affolé les Parisiens et hypnotisé les visiteurs de l'Exposition. Dieu sait cependant si c'était là un spectacle aimable et ragoûtant! « Le ventre tient à l'Exposition, disait à ce sujet un de mes confrères, une place considérable, non seulement en tant que victuailles, mais en tant que plaisir. Les restaurants font des affaires d'or et les concerts orientaux ne désemplissent pas. Or, ces concerts sont l'apothéose du ventre. On n'y chante point, on y fait peu de musique, on y danse, mais, au rebours des danses ordinaires, les pieds n'ont qu'un rôle secondaire; c'est l'abdomen qui a toute la besogne. La foule a pris plaisir à ce divertissement qui tient le milieu entre l'enfantement et le mal de cœur. Chaque mois un nouvel établissement s'est monté, et les anciens, devant le succès, ont augmenté leurs prix. Avec la troupe royale égyptienne, qui vient de débuter, cela fait, sans exagération, une cinquantaine de ventres qui se trémoussent tous les jours. Trémousser n'est pas trop dire. Cet exercice dont la grâce est exclue est un simple tour de force anatomique; il consiste, le reste du corps demeurant impassible, à imprimer au ventre un mouvement giratoire, élévatoire, ou de lacet ou de galet. Cela fait un va-et-vient assez surprenant, mais qui ne tarde pas à devenir monotone. Une aigre musique accompagne ces contorsions qui sont dénuées d'un sens quelconque. »

Dans la même séance j'ai pu trois fois admirer cet aimable exercice au théâtre de l'avenue de Suffren. La première fois par une jeune femme assez jolie dont les mains étaient armées d'espèces de crotales ou castagnettes métalliques, qu'elle agitait tandis que sa danse était accompagnée d'un semblant d'orchestre composé de deux musettes, d'un tambour lâche et d'une petite caisse claire ; autour d'elle étaient groupés une douzaine de ses compagnes et compagnons, qui, sur le rythme de ce singulier orchestre, psalmodiaient par instants une sorte de chant traînant et dolent, et par instants aussi l'excitaient en frappant des mains. La seconde fois, c'était par deux négresses, dont la vue en cette occurrence manquait absolument de grâce. La troisième fois enfin, c'était par cinq danseuses à la fois, toujours armées des fameuses crotales, qui faisaient un bruit terrible sans rendre ce spectacle plus affriolant.

Comb.en était plus curieux le combat au sabre de Joseph Sàbe et de Kali Effendi ! Tout habillés de blanc, ces deux hommes, munis de leur long sabre et de leur tout petit bouclier, résonnant sous les coups répétés de l'arme tranchante, faisaient preuve d'une adresse vraiment merveilleuse. Mais le plus intéressant, sans contredit, c'était la reproduction de certains tableaux, de certaines scènes de la vie égyptienne, tout pleins de couleur, de caractère et d'originalité ; entre autres la grande cérémonie nuptiale, avec ses épisodes divers et son cortège si pittoresque et si bien réglé, le tout si nouveau pour nous. Il y avait aussi l'exécution de certains hymnes au Khédive, qui, eux non plus, n'étaient pas sans un véritable intérêt.

En fait, les représentations de la troupe égytienne au Théâtre International étaient dignes d'attention, et par son affluence constante le public a prouvé qu'il y prenait un réel plaisir.

LE GRAND THÉÂTRE DE L'EXPOSITION

Près du pilier sud de la tour Eiffel et bordant l'avenue de Suffren, on avait élevé, sous le nom de Palais des Enfants, un bâtiment qui changea vite de destination et dont on fit bientôt un théâtre, le Grand Théâtre de l'Exposition, qu'on appelait indifféremment aussi le Grand Théâtre Parisien. Moins grande que celle du Théâtre International, situé tout à côté, mais assez vaste encore, la salle, éclairée à la lumière électrique, pouvait contenir un millier de spectateurs. Elle comprenait simplement un parterre et un amphithéâtre avec promenoir. Partout on fumait et l'on buvait. La scène, petite, était assez bien disposée; mais ses dimensions restreintes rendirent impossibles les représentations que l'Opéra-Comique eut un instant la pensée d'y donner; car c'est là que ce théâtre avait formé le projet d'offrir au public un certain nombre de pièces choisies parmi celles qui formaient son répertoire à l'époque de la Révolution. En raison de l'exiguïté du local il fallut renoncer à ce projet, qui reçut alors un commencement d'exécution dans la salle de la place du Châtelet, mais qui ne rencontra que l'indifférence du public (1).

La salle du Grand Théâtre de l'Exposition était entourée d'une sorte de grand bazar très vivant et très animé, avec cafés, brasserie. jeu de petits chevaux, marchands de toutes sortes, découpeurs de silhouettes, etc. Elle était simplement fermée par un rideau de

----

(1) C'est M. P. Lacome qui était l'auteur de ce projet, assez mal digéré. La troupe de l'Opéra-Comique devait donner au Champ de Mars huit spectacles, joués chacun trois fois et ainsi composés : 1° *le Barbier de Séville*, musique de Paisiello, adapté à la scène française par Framery, représenté en 1789; 2° *Raoul de Créqui*, paroles de Monvel, musique de Dalayrac (31 octobre 1789); 3° *la Soirée orageuse*, paroles de Radet, musique de Dalayrac (29 mai 1790); 4° *Nicodème dans la lune*, paroles et musique du *Cousin Jacques* (1791); 5° *les Visitandines*, paroles de Picard, musique de Devienne (7 juillet 1792); 6° *la Partie carrée*, paroles d'Hennequin, musique de Gaveaux (27 juin 1793); 7° *les Vrais Sans-Culottes* ou *l'Hospitalité républicaine*, paroles de Rézicourt, musique de Lemoyne (12 mai 1794); 8° *Madame Angot*, de Demaillot (1795). Plus d'une réserve était à faire au sujet de ce programme, qui manifestait la prétention de caractériser le répertoire de l'Opéra-Comique pendant la période révolutionnaire. Tout d'abord, on ne voyait trop ce que venait faire une œuvre étrangère comme *il Barbiere di Siviglia* de Paisiello dans un cycle d'opéra-comique français, et le choix de celle-ci était d'autant plus singulier que les représentations du *Barbier* furent précisément interdites au plus fort de la Révolution, le poème étant considéré comme entaché d' « aristocratie ». D'autre part, il était vraiment regrettable de ne pas trouver, dans une manifestation de ce genre, un seul des trois noms glorieux de Méhul, de Cherubini et de Berton, qui personnifient justement la musique française, et de la façon la plus admirable, à cette époque gigantesque. Enfin on se demande à quel propos venait prendre place, dans un programme musical, *Madame Angot*, ce chef-d'œuvre burlesque qui fit bien la fortune de l'Ambigu-Comique et des Variétés amusantes, mais qui n'a aucun rapport avec l'opéra-comique. Au reste, nous l'avons dit, ce projet, par suite d'impossibilités matérielles, ne put aboutir à l'Exposition, et, en raison de sa fausse conception, ne put recevoir, à l'Opéra-Comique même, qu'un commencement d'exécution. Devant l'indifférence du public, il dut être abandonné après un double essai. Le 27 juin, ce théâtre donna *le Barbier* de Paisiello; le 5 juillet, *Raoul de Créqui* et *la Soirée orageuse*, de Dalayrac — et ce fut tout.

tapisserie, qu'il suffisait d'écarter pour y pénétrer. Ouverte au public dès la fin de mai, sous la direction de Léon Sari (dont tout récemment on annonçait la mort), on n'y vit d'abord que des spectacles d'un intérêt médiocre et d'une originalité douteuse. Entre autres, « la belle Fatma, » déjà bien connue des Parisiens, vint y trôner dès la première semaine de juin. Cela n'attirait qu'une foule... relative, et il fallait à la curiosité du public un aliment plus substantiel. Celui-ci ne devait pas tarder à lui être offert.

Une dame fanatique de l'Exposition, comme tout le monde, Mme Monteaux, voyant l'embarras de Sari, lui parla avec enthousiasme d'une troupe très curieuse de Gitanas que, dans un récent voyage en Espagne, elle avait eu l'occasion de voir à Grenade, et lui affirma qu'il y avait là de quoi affrioler les spectateurs et les attirer de tous côtés. Sari ne se le fit pas dire deux fois, et envoya aussitôt en Espagne un agent qu'il chargeait de rechercher et de ramener au plus vite la troupe en question. Ce ne fut pas chose absolument facile : les Gitanas furent bien retrouvées, mais, on ne sait pourquoi, elles avaient peur de Paris, et, malgré leur misère relative là-bas, elles hésitaient à venir ici. L'assurance d'une fortune inespérée finit pourtant par les décider : on leur offrait dix francs par jour, défrayées de tout, à elles qui d'ordinaire gagnaient à peine quelques sous (Chivo touchait cinquante francs pour lui et ses trois filles : Soledad, Mathilda et Viva), et on leur comptait immédiatement une certaine somme à titre d'avances. De telles offres les séduisirent, et ce fut alors une joie, un entrain, une gaîté qui tenaient du délire. Elles étaient presque en guenilles ; avec le quelque argent qu'on leur donne elles achètent ces étoffes voyantes et bariolées qu'elles aiment à la folie, elles se taillent et se préparent des costumes présentables, elles font leurs paquets et — en route pour Paris ! Olè ! Olè ! Cinq jours et six nuits de voyage ! On arrive, éreintées, fourbues, n'en pouvant plus, on débarque à l'hôtel de la Smala, et deux jours après on se présente au public, Dieu sait avec quel succès ! — un succès qui ne se démentit pas un instant pendant plus de quatre mois.

« Les Gitanas de Grenade avec leur capitan » formaient une troupe composée de onze personnes : huit femmes : Soledad (l'étoile de la compagnie), Mathilda, Viva, Pepa, Dolorès, Reyes, Lola, Antonia, et trois hommes : Chivo (le capitan), Antonio et Manuel. Peu après, une seconde étoile, la Maccarona, venait se joindre à ce personnel, et ne contribuait pas peu à entretenir l'enthousiasme du public. On vit venir aussi par la suite Pichiri, un comique vraiment impayable, puis quelques autres danseuses : Juana, Zola, Sanchez et Concepcion. Dès le début de la troupe, qui eut lieu vers le 10 juillet, le nombre des représentations fut fixé à cinq par jour, savoir : dans la journée, à deux heures un quart, trois heures vingt-cinq et quatre heures et demie ; le soir, à huit heures et à neuf heures un quart. Le prix des places variait d'un franc à cinq francs — et la salle ne désemplissait pas.

On sait ce que sont les *gitanos* d'Andalousie, qui ont surtout leurs grands centres à Grenade, Séville et Malaga : d'anciens nomades venus on ne sait d'où sur la terre ibérique, une sorte de bohémiens d'Espagne, mais qui, fixés à demeure aujourd'hui en certaines parties du pays, ont fini par se mêler à la race autochtone, et, tout en perdant leur langage, leur dialecte originaire, ont conservé dans le croisement une partie de leurs mœurs et de leurs coutumes primitives. En particulier, leurs danses, essentiellement primesautières et originales, n'ont rien perdu de leur couleur, de leur saveur et de leur caractère absolument personnels. Si les hommes, avec leurs pantalons à bottes, leurs courtes vestes, leurs ceintures rouges et leurs larges sombreros, ressemblent volontiers à tous les autres Espagnols, les femmes sont plus typiques, surtout lorsqu'elles se livrent à ces danses endiablées, enfiévrées, effrénées, auxquelles elles semblent prendre pour le moins autant de plaisir que les spectateurs, et où elles apportent un entrain, une ardeur, une fougue et comme une sorte de furie vraiment saisissante. Il fallait les voir, là, sur ce théâtre, dans ces costumes bariolés qu'elles portent avec tant de crânerie, la jupe voyante, le corsage souple, le fichu sur le cou, les bras nus, un gros accroche-cœur collé à chaque tempe, une fleur dans les cheveux, et une cigarette fichée derrière l'oreille quand elles ne l'avaient pas aux lèvres. Elles semblaient heureuses seulement de se montrer, et la vue de leur joie mettait aussitôt le public en belle humeur.

Mais c'était bien autre chose quand, l'œil en feu, le regard plein d'ardeur, les narines gonflées, le sourire provocant, tout le corps en quelque sorte crispé de plaisir, l'une ou l'autre commençait la danse où elle voyait se renouveler une fois de plus les sensations que déjà cent fois elle avait éprouvées, sensations qui étaient toujours pour elle une source nouvelle de bien-être étrange et d'ardente satisfaction. Car il semble que ces femmes soient nées pour la danse, et que la danse soit pour elles comme une sorte d'élément naturel. « Nous avons tous applaudi, disait un chroniqueur, ces *tangos*, ces *baile del novio*, ces *allegrias*, ces *fandangos*, ces *panaderas* d'un cachet si spécial. Il y avait là Juana, souple comme une panthère, avec son torse flexible, sans corset, et ses déhanchements pleins de promesses ; Mathilda, la meilleure danseuse peut-être, qui levait la jambe comme la Goulue, et avait même des notions de pointes ; le danseur Pichiri, un grand gaillard au teint olivâtre, sec comme une allumette, qui, sanglé dans son étroite culotte, avait des tortillements de reins les plus extravagants. Il y avait aussi Pepa, une grosse réjouie, canaille achevée, potelée comme une caille, avec les plus beaux bras du monde; dans le masque gouailleur, quelque chose de notre grande Thérésa. Pour danser, elle se campait sur l'oreille un feutre d'homme; mais avec Pichiri commençait un certain tango que l'univers entier a applaudi. Soulevant de sa main gauche sa jupe, comme si elle craignait de la perdre, le poignet appuyé sur sa croupe extra-andalouse, elle exécutait une certaine danse du ventre autrement suggestive que le trémoussement froid et mécanique de la rue du Caire. Pendant chaque pas, les cris gutturaux, les interpellations rauques, les castagnettes, les tambourins formaient un concert assourdissant et dont l'entrain allait en crescendo. La danse finie, les spectateurs envoyaient des bouquets que les danseuses se piquaient sur leurs cheveux, ce qui formait les casques les plus gracieux du monde. » Il y avait aussi Soledad, la plus jeune des trois filles de Chivo et la plus jolie de la troupe, bien qu'elle n'eût encore que quatorze ans, prodigieuse d'agilité, de souplesse et de grâce; puis la Maccarona, celle qu'on appelle « la reine des gitanes, » et qui était bien, comme danseuse, la plus étrange créature qui se puisse concevoir. C'étaient là les deux étoiles de la compagnie andalouse, et, quand venait le tour de l'une ou de l'autre, une grande pancarte, sur l'un des côtés de la scène, annonçait son nom (1).

Mais il est temps de faire connaître le milieu dans lequel se produisaient ces hauts faits chorégraphiques et peu académiques, et de quelle façon ils se manifestaient.

La petite scène du « Grand Théâtre » de l'Exposition représentait, dans un mignon décor très lumineux et très gai, quelque chose comme l'extérieur d'une posada quelconque. Au lever du rideau, danseurs et danseuses, assis sur des chaises, étaient placés en ligne au milieu et en travers du théâtre, les trois hommes au centre, les femmes sur les côtés. Ceux des hommes qui ne dansaient pas jouaient de la guitare, et formaient le seul orchestre chargé de rythmer la musique des pas, orchestre accompagné d'une part par les castagnettes des danseuses, fort habiles à s'en servir, de l'autre

---

(1) On lisait dans *le Figaro*, à propos de la Maccarona: — « C'est Macarena qu'il faudrait dire et écrire. C'est, bien entendu, un surnom. La *Macarena* signifie en argot espagnol: la reine, la plus *chouette*, la plus *gironde*. C'est un sobriquet faubourien. Il ne faut pas oublier que la *Macarena* est une danseuse faubourienne et que ses danses, étant donnée la différence de latitude, sont l'équivalent de celles des partenaires de notre quadrille naturaliste: ses déhanchements représentent les levées de jambe et les trémoussements de la Grille d'Égout parisienne. » C'est égal, je préfère encore le surnom espagnol au sobriquet parisien.

par les mains des autres femmes, qui marquaient la cadence en les frappant l'une contre l'autre, et parfois, dans les moments solennels, par une sorte de bruyant trémolo obtenu avec les deux pieds. Parfois encore, dans les cas excentriques, et pour exciter les danseurs, qui pourtant semblaient n'avoir pas besoin d'encouragements, ces femmes poussaient de temps en temps des cris, et comme des appels à pleine voix, entremêlés de *olè! olè!* vigoureux (1). Enfin il arrivait que, au plus fort de certains pas échevelés où les danseurs eux-mêmes, par leurs exclamations et leurs piétinements, couvraient la molle et flasque sonorité des guitares, celles-ci s'arrêtaient, l'accompagnement général devenant alors uniquement rythmique à l'aide des mains, des pieds, des castagnettes, des tambours de basque et des cris de toutes sortes. Alors la scène et la salle, les spectateurs et les danseurs étaient complètement étourdis, ceux-ci se grisaient eux-mêmes de tout ce tapage aussi bien que de leurs étonnantes évolutions, et le public, saisi de toutes manières, enfiévré par les yeux, par les oreilles et par l'esprit, éclatait en applaudissements et criait *bis* de tous côtés. Au reste, le caractère musical, tel qu'il se produisait soit par la guitare, soit par le chant (car parfois un couplet se mêlait à la danse) était très particulier et très étrange ; cela tenait beaucoup du plain-chant au point de vue de la tonalité, avec toujours un rythme vif, marqué et pétulant, et c'est cet assemblage si peu habituel et vraiment curieux qui était tout à fait caractéristique.

Tous ces pas d'ailleurs, généralement si savoureux, si originaux, étaient loin de se ressembler, outre que chaque danseur, chaque danseuse, avait sa personnalité propre et bien tranchée. J'ai remarqué un *tango* dansé par la Juana, une fille pas belle, mais d'une physionomie remarquable et un peu sauvage. Puis, un *baile del novio* où brillait la Mathilda, qui commençait par une sorte de scène de pantomime et se terminait en une espèce de *jaleo* très animé. Il y avait ensuite un *tango* à quatre par Maccarona et Pichiri, la Reyes et la Dolorès, qui aurait fait pâmer un hypocondre, mais qui, je dois le dire, ne serait pas de mise dans un couvent de demoiselles, non plus que le *tango* à cinq où se montraient Juana, Zola, Concepcion, Dolorès et le seul Pichiri. L'un des grands succès était pour Soledad dans son *olle gracioso*; elle avait là-dedans des trémoussements, des sauts, des mouvements de croupe, des tours de hanches, des poses et des attitudes tantôt étranges et brutales, tantôt souples et félines, auxquels sa grâce charmante et sa vivacité donnaient une étonnante saveur. Sa rivale ou plutôt son émule, la Maccarona, n'était pas moins bien accueillie dans son *tango allegria*, qui formait comme une espèce

(1) *Olè! olè!* (Hardi! hardi!).

de scène : elle commençait par chanter un ou deux couplets, que suivait un pas comique ; sa danse ensuite devenait tranquille et presque langoureuse, puis s'animait peu à peu, se développait dans une sorte de crescendo en des évolutions qui passaient presque à l'état de contorsions, et se terminait enfin d'une façon folle en une espèce d'emportement furieux, d'une audace et d'une hardiesse extraordinaires. Il y avait encore un fandango à quatre, où dansaient Chivo et ses trois filles : Viva, Mathilda et Soledad, et qui était bien l'une des choses les plus curieuses qu'on pût imaginer par l'entraînement, la fougue et, si l'on peut dire, la sauvagerie à laquelle ils se livraient.

Tout cela, on ne saurait trop le répéter, eut un succès monstre, et il faut le dire aussi, très mérité. C'est que c'était de l'art, un art populaire sans doute, mais un art *sui generis*, très coloré, véritablement original, intéressant sous beaucoup de rapports et fait pour exciter l'attention. Tous ces gens-là, les Chivo, les Pichiri, les Soledad, les Maccarona, les Mathilda, avaient vraiment le diable au corps, et se livraient avec une ardeur, un abandon, surtout une sincérité qui justifiaient leur succès et provoquaient les applaudissements. Aussi ces applaudissements ne leur étaient-ils pas prodigués seulement par le public vulgaire, mais par les spectateurs plus délicats et plus raffinés, par ceux qui savaient voir, apprécier et comprendre. On peut bien dire que tout le Paris artiste et lettré s'est donné pendant longtemps rendez-vous au Grand-Théâtre de l'Exposition pour y contempler « les Gitanas et leur capitan. » En particulier, tout le personnel de l'Opéra y a passé, et l'on y a vu plus d'une fois la gentille Rosita Mauri et la jolie Mlle Subra applaudir de toutes leurs forces l'aimable Soledad et l'étonnante Maccarona.

LE KAMPONG JAVANAIS

Les acteurs annamites, les gitanas de Grenade, la troupe égyptienne du Grand Théâtre International ont excité chez tous les visiteurs de l'Exposition, Français ou étrangers, une curiosité ardente, parfois un véritable intérêt artistique, surtout un vif désir de connaître ce dont jusqu'alors ils ne se faisaient aucune idée. Il y a quelque chose de plus, un sentiment indéfini et tout particulier, de la part de ce public cosmopolite, à la fois naïf et sceptique, en ce qui concerne les étranges et charmantes petites danseuses qui ont attiré tant et tant d'amateurs au *kampong* javanais de l'Esplanade des Invalides. Ici, à l'attrait de la nouveauté, au plaisir que causait la vue d'un spectacle si curieux, si plein de grâce et de poésie, se joignait une véritable sympathie, et comme une sorte d'affection subite pour ces aimables créatures, pour ces quatre mignonnes fil-

lettes au teint bronzé, au sourire presque mélancolique, au regard
empreint d'un vague étonnement, qui ravissaient les yeux par leur
danse tout ensemble chaste et langoureuse, par leurs attitudes vir-
ginales, par leurs poses et leurs évolutions d'un caractère si mystérieux et d'une si étonnante souplesse. On sentait instinctivement —
et c'est là que gisait la différence avec tout ce qu'on voyait ailleurs
— que l'innocence et la pureté de ces êtres frêles et délicats ne
pouvait être mise en doute, que leur physionomie pudique révélait la
candeur de leur âme, et de là résultait le mouvement sympathique qui
était aussitôt éveillé de tous côtés en leur faveur, le sentiment presque touchant qu'elles inspiraient à tous et à chacun. Paris, qu'elles
enchantaient littéralement, conservera longtemps le souvenir des
petites Javanaises qui l'ont si vivement charmé, et elles resteront
dans son esprit comme l'une des plus aimables surprises que lui
ménageait cette admirable Exposition de 1889.

Lorsque les commissaires hollandais eurent décidé d'organiser à
l'Esplanade des Invalides une exposition des Indes néerlandaises,
ils songèrent à y joindre un élément tout particulier de curiosité
et d'attraction sous la forme d'un village javanais dans lequel on
amènerait des danseuses, danseuses qu'on n'avait jamais vues en
Europe. La chose n'était pas très aisée, les Malais s'expatriant dif-
ficilement et craignant toujours de s'éloigner de leur pays. Grâce à
l'obligeante intervention du gouvernement colonial, tout s'arrangea
cependant. On obtint sans trop de peine l'assentiment de quelques
artisans indigènes, mariés pour la plupart, qui consentirent à s'em-
barquer avec leurs femmes pour venir à l'Exposition, où ils peuple-
raient le kampong. Les difficultés furent plus grandes en ce qui
touche les danseuses; de ce côté pourtant on finit aussi par aplanir
les obstacles, en s'adressant au prince Mangko-Negoro, l'un des rares
souverains de Java auxquels. avec quelques revenus, les Hollandais
ont laissé un semblant d'indépendance et d'autorité. Ce prince, qui
réside à Solo, entretient à son service un ballet de vingt-huit
danseuses; il en détacha quatre, qu'il autorisa non seulement à
venir à Paris, mais à emporter leurs costumes de cour et de cérémonie, costumes parfois très coûteux, en raison des riches ornements
dont il sont surchargés. Elles furent amenées en France par une
personne qu'elles connaissaient bien, M. Bernard, qui devait avoir
la direction du villag. javanais, et qui, familier avec leur langage
et leurs coutumes, ne cessa de les entourer de soins et d'une sollicitude toute paternelle. Chacune d'elles touchait 80 francs par
mois, et leurs pères et mères, qui les accompagnaient, en recevaient
chacun quarante. Il va sans dire que tous étaient nourris et logés
aux frais de l'administration.

Ces quatre danseuses avaient nom Tamina, Wakiem, Ayou, sœur

de celle-ci, et Sariem. Cette dernière était fille d'un des musiciens de la troupe et d'une Malaise encore jeune, ouvrière très habile en son genre, qu'on pouvait voir le matin, dans le village, assise sur le sol, traçant sur des étoffes les dessins les plus étonnants avec un stylet de roseau, trempé dans de la cire liquide. Elles étaient toutes fort jeunes, car Tamina, l'aînée, avait dix-sept ans à peine, et Wakiem, la plus jeune, n'en avait que douze. Toutes quatre appartenaient à la première classe de leur profession, les *Sarimpi*, sorte de caste privilégiée, dont les membres naissent, vivent et meurent sur les domaines du prince. Dès leur enfance on les forme au genre de danse qu'elles doivent exercer, elles restent vierges et jouissent d'une grande considération, au rebours des danseuses publiques, dont j'aurai l'occasion de parler tout à l'heure, et qui, libres de leur personne et de leur conduite, et profitant de cette liberté, sont entourées d'une estime médiocre.

Tamina et ses trois compagnes étaient de race javanaise pure, ce qu'on reconnaissait, au dire des initiés, à leurs yeux noirs un peu bridés, à la petitesse de leur taille, à la teinte brune légèrement cuivrée de leur peau, enfin à la forme de leur nez, qui n'est pas écrasé comme chez les individus des autres races océaniennes. Chez elles la gorge est peu développée, le buste n'est pas toujours irréprochable, mais les extrémités sont fines, les attaches délicates, et tous leurs mouvements, leurs attitudes, leurs gestes se font remarquer par une grâce pleine de langueur et de morbidesse (1).

---

(1) Pour ces Javanaises, comme pour nos Européennes, la toilette est une affaire d'importance, et elles y emploient un temps considérable. Une partie surtout de cette toilette, celle qu'on pourrait appeler le « maquillage, » est de leur part l'objet d'un soin extrême, et nos danseuses s'y livraient chaque jour, avant d'entrer en scène, en une longue et sérieuse séance. Elles n'y apportaient du reste point trop de mystère, et le promeneur hâtif qui parcourait le matin l'esplanade pouvait les voir, caquetantes et joyeuses, installées sur le balcon de leur case, dans leur négligé de première heure, procéder à la... décoration très compliquée de leur visage. Les bras, le col, le haut de la poitrine déjà passés au safran, ce qui donnait à leur peau naturellement basanée un beau teint doré plein de chaleur, elles commençaient par lisser, avec de petites brosses trempées dans l'encre de Chine, leurs beaux cheveux soyeux, longs et noirs, qu'elles relevaient élégamment sur la nuque, pour les emprisonner plus tard dans leurs coiffures bizarres. Cela fait, elles prenaient un miroir, et se livraient à l'opération délicate de la peinture. Entourées d'une foule de petits pots et d'ingrédients de toutes sortes : eau amidonnée, teinture de safran, encre de Chine délayée, bâtons de noir de fumée, pinceaux, tampons, etc., elles étalaient d'abord sur tout le visage une espèce d'empois, puis, à l'aide du pinceau, passaient sur le front, sur la région des tempes et sur les joues, en avant des oreilles, une couche d'encre

Le *kampong* javanais (1), fort intelligemment installé par M. Martin Wolff, l'un des membres de la commission hollandaise, était situé à l'extrémité de l'Esplanade des Invalides, au delà du village cochin-chinois, tout à côté du panorama de Tout-Paris. Je n'ai pas à le décrire ici, prétendant ne m'occuper que du spectacle qui surtout y attirait les amateurs. Au milieu même du village s'élevait un grand pavillon à colonnes de bambous : c'était la salle où avaient lieu les danses, accompagnées d'une musique étrange, parfois bizarre, faite assurément pour étonner nos oreilles européennes, accoutumées à d'autres résonances, à d'autres sonorités, mais qui n'était pas toujours sans douceur et sans charme. Cette musique n'était pas la même, ni jouée avec les mêmes instruments que celle qui se faisait entendre au dehors lorsqu'arrivait l'heure des représentations. Au moment où l'une de celles-ci allait commencer, une petite bande de musi-ciens faisait le tour du kampong à la grande joie du public, en agitant leurs *anklangs* ou *ang-klongs*, instruments singuliers, faits de tuyaux de bambous de longueurs diverses, qui rendaient un son sec et mat, très net, mais sans intonation appréciable, et dont l'en-semble produisait comme une sorte de grelottement doux, assez semblable à celui de nombreuses clochettes de bois.

•A cet avertissement, bientôt connu de la foule, la salle se rem-plissait en un instant. Au milieu de cette salle s'élevait une plate-forme carrée : c'était la scène où les danseuses devaient évoluer. Tout au fond de cette scène se trouvait groupé l'orchestre des musi-ciens accompagnants, avec leurs *rebabs*, leur *gamelang*, leurs *gongs*, etc. Vêtus d'une espèce de veston de toile, avec un long *sarong*, pièce d'étoffe de couleur qui s'enroule autour des jambes et tombe jusqu'aux pieds, la tête coiffée d'un turban fait d'un foulard bariolé qui se roule dans les cheveux, ils étaient là, accroupis devant leurs instruments, fumant avec placidité leurs longues ciga-rettes odorantes enveloppées de feuilles de maïs.

---

de Chine qui s'avançait en pointe vers l'extrémité des sourcils, pour simuler en bas, vers la joue, une longue mèche de cheveux légèrement recour-bée; puis, pour que cette mèche se détachât avec netteté, elles en essuyaient les bavures au moyen d'un petit tampon de laine, et l'entou-raient d'une mince couche de blanc étendue sur la peau voisine. Le des-sin des sourcils, très minutieux, très artistique, venait ensuite, réclamant toute leur adresse, et elles terminaient enfin cette partie si importante de leur toilette en plaquant délicatement sur le front, au-dessus de la racine du nez, une petite mouche noire. Tout cela fait, elles n'avaient plus, avec le même soin et la même patience, qu'à revêtir le riche cos-tume sous lequel elles devaient se montrer au public.

(1) *Kampong :* village.

Sur un signe du maître, l'orchestre se met en branle et fait entendre un morceau plus bruyant que brillant, dans lequel se détache pourtant par instants comme une mélopée plaintive et douce. Mais les danseuses entrent en scène, et l'orchestre se tait aussitôt; elles s'avancent avec gravité, saluent les spectateurs en ébauchant à peine un sourire, et s'asseyent sur les chaises placées presque au bord de l'estrade.

Mais bientôt la musique reprend, et nos danseuses, quittant leurs sièges, s'apprêtent à commencer leurs danses. Nous pouvons les examiner tout à loisir. L'aînée, Tamina, à la physionomie intelligente et douce, au regard peut-être un peu mélancolique, est pleine de grâce sous son riche costume : un corsage brodé d'or qui s'arrête sous les bras, le haut du corps couvert par une sorte de pèlerine aux bords frangés qui cache le dos, les épaules et la poitrine; pour jupe, un grand sarong un peu flottant, richement brodé aussi, dont les longs plis, traînant à terre en forme de queue, laissent voir le bas des jambes et le pied mignon; autour du corps une large ceinture, fixée sur le devant par une large agrafe de métal; en haut de chaque bras, un bracelet de métal élégamment orné; aux poignets, deux bracelets de perles; enfin, comme coiffure, un casque d'or merveilleusement ciselé, au cimier de plume, dans lequel la chevelure est emprisonnée (1). A part quelques détails, le costume de ses compagnes était presque de tout point pareil. Cependant, Wakiem, la plus jeune et la plus espiègle, ne portait pas la pèlerine que j'ai signalée; le bronze de ses épaules et de ses bras surgissait de son corsage, brillant, vivant et frémissant, et, ainsi parée, chaste et modeste sous ce vêtement qui laissait à nu le haut de son corps frêle et délicat, elle semblait, comme on l'a dit, la personnification d'une de ces idoles de l'Inde qui inspirent aux fidèles le respect et la vénération.

Leurs danses, dont on ne saurait méconnaître l'allure en quelque sorte hiératique, sont par conséquent fort loin, on le comprend, d'avoir le caractère lascif et provocant de la plupart des danses de l'Extrême-Orient. Elles ne sont autre chose que la représentation mimique de certains épisodes empruntés aux grands poèmes hindous et particulièrement aux chroniques du royaume de Passey, l'un des États les plus florissants de la Malaisie avant l'invasion musulmane. Ces danses, dans lesquelles la vivacité fait place à l'expression, et où la pantomime prend une assez large part, se composent donc

---

(1) Nos danseuses portaient ce casque tantôt à la manière des dragons ou des cuirassiers, tantôt en bataille, comme les chapeaux de nos gendarmes; parfois aussi, ce qui était charmant, leur tête mignonne était comme encadrée dans des touffes épaisses de blanches fleurs de lotus.

surtout d'évolutions lentes, de poses gracieuses, de marches cadencées, d'attitudes soit sévères, soit mélancoliques, de mouvements souples des bras et des mains, de salutations cérémonieuses, de gestes pleins de langueur, le tout constituant un ensemble d'un charme séducteur, tout empreint de poésie et d'originalité. L'un de ces pas (si l'on peut ainsi les qualifier), l'un de ces pas surtout, auquel nos Javanaises donnaient, je crois, le nom de *Feuille d'or*, et qui était accompagné par le *rebab* en un motif d'une mélancolie vraiment pénétrante, produisait sur le spectateur attentif une impression étrange et indéfinissable. En réalité, c'était là, pour nous autres Européens, un spectacle saisissant et séduisant par sa couleur, sa grâce et sa nouveauté.

Lorsqu'elles avaient terminé leurs évolutions, nos danseuses saluaient le public avec un gentil sourire, puis, gravement, lentement, à pas comptés, descendaient de leur estrade et, cheminant parmi la foule, sortaient de la salle pour rejoindre leur case et prendre quelques moments de repos en attendant la séance suivante. Mais tout n'était pas fini pour cela, et un autre tableau, d'un autre genre, nous était offert.

Il s'agissait alors de la véritable danse populaire de Java. Quand je dis véritable, j'exagère peut-être, car, s'il faut en croire certains voyageurs, cette danse ne pourrait guère être offerte à des spectateurs, surtout à des spectatrices européennes, si l'on n'en estompait quelque peu les traits trop accentués et trop hardis. Cette fois c'était un danseur et une danseuse (celle-ci s'appelait Lees, j'ai oublié le nom de son compagnon), qui, dans le costume très simple et très rustique du peuple javanais, venaient nous donner une idée de ce genre de divertissement. Lees était ce qu'on appelle là-bas une *tandak*, c'est à-dire une danseuse publique, de celles que je signalais plus haut en notant la différence essentielle qui, au point de vue social, les sépare des danseuses de cour telles que nous les faisaient si gracieusement connaître Tamina, Wakiem, Ayou et Sariem. « La danseuse publique — disait à ce propos un de mes confrères, grand voyageur, qui les a vues chez elles, dans leur milieu — va de ville en ville, accompagnée d'un musicien, pour égayer les fêtes, les mariages, les anniversaires. Ce n'est ni la foule, ni les maîtres des maisons où elle exécute ses contorsions lascives qui la paient, c'est chacun de ceux qui dansent avec elle, et ses mœurs sont ce qui lui convient qu'elles soient dans ce pays où la femme est absolument libre, coquette, portée au plaisir, et a des droits égaux à ceux des hommes... Cependant, tout en étant moins sérieuse, moins classique que celle des *Sarimpi*, la danse que Lees exécute avec un de ses compatriotes n'est encore qu'un pastiche bien timide de la chorégraphie passionnée à laquelle j'ai vu les Malais se livrer dans certains endroits spéciaux, à Mysteer-Cornelis, par exemple, sur la route de Batavia à Buitenzorg, le jour du marché d'armes... »

Il est certain que la danse de Lees et de son compagnon, pour être moins sévère, moins solennelle, moins cérémonieuse que celle que nous venions de voir, n'offrait encore qu'un élan et un mouvement très relatifs. Elle ne manquait pas toutefois d'une certaine couleur; mais elle n'avait plus pour nous le même attrait d'absolue nouveauté, et cette poursuite, souvent gracieuse, de l'homme et de la femme, ce rapprochement et cet éloignement alternatifs de l'un et de l'autre sexe aboutissant à un accord définitif, en nous rendant l'élément vraiment humain et passionnel, faisait d'autant plus ressortir le contraste de cette danse avec le caractère en quelque sorte religieux et un peu mystique des lentes et douces évolutions qui, précédemment, nous avaient étonnés et charmés à un si haut degré.

Aussi, le public de l'Exposition n'accorda-t-il jamais au couple populaire qu'une attention distraite et secondaire. Tout le succès, le succès indiscutable et constant, fut toujours pour Tamina et ses compagnes. — Avez-vous vu les petites Javanaises? se demandait-on à chaque rencontre. Et ceux qui les avaient vues retournaient les voir; et ceux qui n'avaient pas fait connaissance encore avec elles s'empressaient de se rendre au Kampong pour les contempler et les applaudir. Si bien que depuis le milieu de juin environ, époque où elles firent leur première apparition, jusqu'à la fin d'octobre, où les fraîcheurs de notre automne, excessives et douloureuses pour elles, obligèrent à les renvoyer dans leur pays, le pavillon du Kampong ne désemplit pas un seul jour, pas une seule représentation. Les gentilles Javanaises ont été, on peut le dire, les lionnes de la partie exotique de l'Exposition, et elles ont laissé parmi nous, dans ce Paris, souvent si oublieux, mais qui a le culte de la jeunesse, de la grâce et de la beauté, un souvenir qui n'est pas près de s'éteindre (1).

_____

(1) Un trait de mœurs, pour finir. Tous les Javanais amenés à Paris ne revirent pas la terre natale. Le 6 juillet, en pleine représentation, un des leurs, un des musiciens, nommé Anan, mourait subitement. Le commissaire de police du quartier, M. Santucci, prévenu de l'accident, donnait aussitôt l'ordre de faire transporter le corps à la Morgue. Mais il avait compté sans les compagnons du défunt, qui s'opposèrent absolument à l'enlèvement du corps, disant que leur ami n'était pas mort, qu'il ne pouvait mourir ainsi loin de son pays, qu'il n'était qu'endormi. « Pourquoi voudrait-il nous quitter? disaient-ils; il était bien ici, au milieu de nous, rien ne lui manquait », etc. Le commissaire était fort embarrassé. Il lui fallut parlementer pendant plus d'une heure, à l'aide de l'interprète, pour les décider enfin, leur dire qu'Anan serait transporté dans un vaste monument, très décoratif, le temple de Notre-Dame, où le bien-être qu'il trou-

LES FOLIES-PARISIENNES

Situé non loin du chalet finlandais, du chalet norvégien et de la curieuse taillerie de diamants de MM. Boas frères, entre l'extrémité de la rue de l'Université et le Lac, au milieu d'une sorte de petit parc coquettement aménagé, le théâtre des Folies-Parisiennes, dont il faut bien rappeler l'existence, n'était rien autre chose qu'un grand café-concert. Placé sous la direction de trois acteurs parisiens, MM. Daubray, Scipion et Georges Richard, qui n'y ont point fait de brillantes affaires (il s'en faut de tout), ce théâtre a eu évidemment à souffrir de la concurrence terrible que lui faisaient les divers spectacles, autrement étranges et curieux, qu'on avait disséminés dans la vaste enceinte du Champ de Mars, et que les visiteurs de l'Exposition lui préféraient tout naturellement, les cafés-concerts ne manquant point dans Paris même et s'y trouvant en nombre assez considérable pour satisfaire les désirs de tous les amateurs du genre.

Ce que le théâtre des Folies-Parisiennes présentait de plus intéressant, et dont bien certainement le public se souciait le moins, c'était sa construction, qui offrait un caractère de véritable originalité. Edifié sur les plans de M. Letorey, architecte, par l'ingénieur-constructeur M. de Schryver, inventeur des maisons en acier démontables et transportables, ce théâtre était lui-même complètement en acier, fondations et couvertures comprises, et l'on peut bien dire qu'il était incombustible. Les murs, les cloisons, les planchers étaient formés de panneaux de tôle mince d'acier d'un millimètre d'épaisseur auxquels un emboutissage convenable donnait le maximum de résistance; les parois d'un même mur, distantes de seize centimètres et constituées par les tôles, étaient réunies au moyen de larges plats boulonnés sur les bords supérieurs de chacun des panneaux. Ainsi entendue, la construction entière était d'une extrême légèreté. A l'issue de l'Exposition, ce théâtre, démonté pièce à pièce, a été envoyé dans l'Amérique du Sud, où il devait être transformé en salle de bibliothèque publique.

Pour le reste, quand j'aurai dit que le chef d'orchestre des Folies-Parisiennes était M. Paul Frémaux, que Mlle Mariquita y remplissait les fonctions de maîtresse de ballet, qu'on y jouait des ballets, divertissements et pantomimes tels que *les Petits Maraudeurs*, *les*

---

verait dissiperait certainement sa mauvaise humeur, et où d'ailleurs ses compatriotes pourraient aller le voir dès le lendemain, lui porter du tabac, des friandises, etc. Le lendemain matin en effet, tous les Javanais du Kampong arrivaient à la Morgue, dans *seize* voitures, et comme le pauvre Anan n'était pas ressuscité, ils consentirent sans trop de peine à le laisser enterrer.

Aventures d'un Gascon, un Drôle de contrat, que les danseurs avaient
nom Magron, Joulins, Bardoux, Mmes Lebreton, Ida Briant, Léon,
que les chanteurs s'appelaient d'Aubreuil, Mmes Reine, Thérèse, etc.,
enfin, que trois représentations étaient données chaque jour à deux
heures et demie, quatre heures et huit heures, et que le prix des
places était fixé à un franc et deux francs, je n'aurai rien à ajouter
sur le compte de cet établissement, dont le plus grand défaut était
de manquer complètement d'originalité.

LES AISSAOUAS

Ceux-là me font un peu l'effet d'appartenir à la nombreuse tribu
des Beni-Farceurs, et ce n'est pas le succès très incontestable qu'ils
ont obtenu qui modifiera mon opinion à leur égard. Si je ne me
trompe, ils avaient d'abord commencé l'exhibition de leurs exercices,
aussi étranges que parfaitement répugnants, au Café algérien de
l'Esplanade des Invalides, et ce n'est qu'ensuite qu'ils sont allés
s'installer au Concert marocain de la rue du Caire, où la vogue
les suivit si bien qu'après avoir donné seulement trois représentations par semaine, ils finirent par en donner trois chaque jour.

Ces baladins d'une espèce toute particulière, dont le sérieux imperturbable défierait toute concurrence, sont, paraît-il, les pontifes
d'une religion singulière, dont le prophète, qu'ils honorent à leur
manière (une bien vilaine manière), répondait de son vivant au nom
de Mohammed Ben Aïssa — d'où leur nom d'Aïssaouas. Pour
réjouir la mémoire de ce prophète, qui sans doute manifeste de rares
exigences, ces excellents ministres d'un culte heureusement ignoré
de la plupart d'entre nous passent un temps, qu'ils pourraient employer d'une façon plus utile, à broyer entre leurs dents du verre
qu'ils avalent ensuite (sans douleur!), à dévorer gloutonnement des
couleuvres et des serpents, à s'enfoncer dans les yeux des épingles
et autres engins, à promener tranquillement et en tous sens leur
langue sur un fer rouge, à marcher sur des lames de sabre, que
sais-je encore? Ce sont ces exercices aimables et variés qu'ils ré-
pétaient tous les jours devant une foule qui semblait fort justement
répugner à ce spectacle, mais qui ne persistait pas moins à emplir
leur salle à chaque représentation. Par quels moyens, par quels procédés, ces hommes parvenaient-ils à s'insensibiliser assez complètement pour pouvoir sans danger se livrer à des pratiques aussi
singulières et en apparence aussi périlleuses? C'est ce que je ne
saurais dire, devant me borner à constater les faits. Il est bien évident qu'il y a là de la jonglerie, mais elle est le résultat d'un ou
de plusieurs secrets qu'il nous est impossible de pénétrer.

Chose assez singulière, ces Aïssaouas, dont le succès à l'Exposition fut si général et si complet, se virent complètement dédaignés du public une fois celle-ci terminée. Tandis que la recette totale de leurs représentations au Champ de Mars ne s'était pas élevée, dit-on, à moins de 400,000 francs, ils cherchèrent vainement ensuite pendant plusieurs semaines un engagement quelconque, et finirent par trouver seulement, pour les accueillir, un café-concert de bas étage dans un quartier excentrique, sur un des boulevards extérieurs. Ils végétèrent là quelque temps, sans pouvoir réveiller l'attention qui s'était si bien attachée sur eux primitivement, puis... puis sans doute ils retournèrent dans leur pays, car on n'en entendit plus parler.

SPECTACLE ÉGYPTIEN

Il ne faut pas confondre celui-ci avec le spectacle fort intéressant de la troupe Khédiviale du Caire, que j'ai décrit précédemment et qui se donnait dans la salle du Théâtre International. Ce « spectacle Égyptien » avait été organisé par les soins de M. Delore de Gléon, commissaire général de la section égyptienne à l'Exposition universelle, et il fut inauguré le 26 juin. Il était situé dans cette étonnante rue du Caire, toujours si grouillante et si animée, à droite, en montant, avant le théâtre des Aïssaouas. Le petit bâtiment qu'on lui avait construit était curieux extérieurement, et sa façade, comme nous disait le programme, était « faite entièrement de moucharabiés, c'est-à-dire en petits morceaux de bois moulés et rapportés ensemble avec un art spécial dont les Égyptions sont très fiers. » Un Égyptien qui ne paraissait ni fier ni timide, c'est l' « aboyeur » en turban qui, dans un français aussi étonnant qu'exotique, se tenait à la porte et adressait au public un boniment bien senti sur les merveilles qui l'attendaient dans l'intérieur du théâtre pour la modique somme d'un franc par personne. Ici nous avions (comme aussi chez les Aïssaouas, où j'ai oublié de la mentionner) la fameuse danse du ventre, spectacle peu ragoûtant dont j'ai déjà eu l'occasion de parler, puis la danse des almées, plus gracieuse, et la danse du sabre, aussi originale et plus intéressante. La danse du ventre était exécutée par une assez jolie femme nommée Aïoucha, qui se tordait et se torturait ainsi à plaisir, au son de trois maigres instruments, et qui obtint immédiatement un succès de curiosité, parce qu'elle était, je crois, la première qui se soit ainsi exhibée en ces parages.

Mais passons. Nous allons lui trouver des émules, sinon des rivales.

LA TENTE MAROCAINE

Toujours à droite dans la rue du Caire, au-dessus du spectacle Égyptien et du théâtre des Aïssaouas, se trouvait la Tente Marocaine. Là aussi nous rencontrions la danse du ventre (celle-là avait

même la prétention d'être la seule authentique), avec d'autres danses variées. Si j'ai bonne mémoire, c'est là qu'on pouvait contempler une charmante jeune femme qu'on appela aussitôt « la belle
Zorah » et qui méritait cette qualification. Mais auprès d'elle s'en
trouvait une autre qui ne lui cédait en rien, une fort jolie fille qui
n'était autre que la cousine de « la belle Fatma, » et dont le vrai
nom, un peu compliqué, était Baya Mathilde Akoun Bent-Eny.
Fille d'un ancien interprète militaire d'Algérie, qui pendant quatre
ans avait été précisément caissier de la troupe où figurait Fatma,
elle avait, sur ses conseils, consenti à marcher sur les traces de sa
cousine et su conquérir en quelques mois la réputation que celle-ci
n'avait acquise qu'au bout de plusieurs années ; elle avait même
obtenu un prix de beauté au concours de Neuilly. Elle était, on
peut le dire, l'étoile de la troupe qu'exhibait la Tente Marocaine, où
à ses côtés dansait toute sa famille, voire son frère, Gradoudja, qui
portait un travesti féminin.

Les exercices et les danses ne différaient guère ici de ce qu'on
voyait au Spectacle Egyptien. Seulement, l'ensemble peut-être était
un peu plus brillant, en même temps que l'orchestre plus nombreux. Tous ces établissements, d'ailleurs, regorgeaient de spectateurs. L'Exposition terminée, la troupe de la Tente Marocaine trouva
un refuge aux Montagnes Russes du boulevard des Capucines, après
quoi elle fut engagée au Village Japonais du boulevard de Stras-
bourg. Je ne sais ce qu'elle devint ensuite.

LE CAFÉ ÉGYPTIEN

Il y avait, à l'extrémité et de l'autre côté de la rue du Caire, non
loin du palais des Machines, un Café Égyptien, qui prétendait, lui
aussi, posséder la seule danse du ventre véritable, authentique et
brevetée sans garantie du gouvernement khédivial. Comme le précédent, cet établissement se composait d'une grande tente, richement tapissée, pouvait contenir environ 200 personnes. Accompagnées par deux seuls musiciens, dont un jouait une sorte de mandoline, j'ai vu là trois femmes exécuter cette trop fameuse danse
chacune à leur tour, en en marquant le rythme avec des crotales
de métal en guise de castagnettes. Mais ce que je n'ai vu que là,
c'est la danse du derviche tourneur, exécutée par un bonhomme
vêtu d'une robe très ample serrée à la taille, coiffé d'un long bonnet
pointu, qui, commençant à tourner lentement, méthodiquement, puis,
s'animant peu à peu et accélérant toujours son mouvement, en arrivait à un tournoiement en quelque sorte mécanique et d'une rapidité vertigineuse jusqu'à ce que, essoufflé, épuisé, haletant, il s'arrêtât
tout d'un coup, roide et immobile, comme s'il avait été fiché en terre.

— Entre temps, deux individus à longue barbe, enculottés et enturbannés, circulaient dans la salle, porteurs de minuscules tasses de café qu'ils offraient gratis aux amateurs. Les personnes délicates refusaient volontiers ce breuvage, en raison de la propreté tout approximative des mains qui le leur présentaient.

Dans tous ces établissements le prix d'entrée était fixé à un franc, la représentation ne durait guère plus de vingt minutes, et, à quelque heure que ce fût de jour ou de soir, les salles étaient presque toujours bondées de spectateurs. Selon toute apparence, toutes les petites entreprises de ce genre, dont les frais, en somme, étaient minces, et dont les recettes étaient abondantes, ont dû être singulièrement fructueuses.

LE CONCERT TUNISIEN DE LA BELLE FATMA

A l'Exposition universelle de 1878, où l'on n'avait pas, comme cette fois, fait une large place à l'élément exotique et pittoresque, il y avait, auprès du pont d'Iéna, un petit concert Tunisien, qui était le seul établissement de ce genre que l'on pût rencontrer. Un assez maigre orchestre s'y faisait entendre, dont le principal musicien était une sorte de colosse, un énorme Algérien, grand et gros, père d'une adorable fillette dont la grâce souple et mignonne contrastait d'une façon singulière avec celui qu'on appelait « le Géant de Souze. » Un jour, pour amuser les clients, ce bonhomme eut l'idée de faire danser sa fille, tout familièrement. L'enfant, à ce moment âgée de sept ou huit ans, se mit alors, un peu gauchement, sans y mettre d'intentions, à imiter la danse du ventre, qui, à Alger, avait frappé sa petite imagination. Elle obtint un succès fou, plut à tous les visiteurs, recueillit, avec de nombreuses caresses, des sous et même de belles pièces blanches, et jusqu'à la fin de l'Exposition recommença chaque jour son petit exercice, qu'elle renouvelait même plusieurs fois dans la journée. Cette enfant, qui de son vrai nom s'appelle Rachel Bent-Eny, est devenu la séduisante jeune femme que nous connaissons aujourd'hui sous celui de « la belle Fatma » et dont on a tant parlé en ces dernières années.

La belle Fatma ne pouvait manquer de se produire à l'Exposition de 1889, où son succès paraissait assuré d'avance. Elle s'y produisit même en divers endroits successivement, ce qui ne prouve pas que ce succès ait été aussi spontané cette fois que la précédente, On la vit d'abord, dès les premiers jours de juin, au Grand Théâtre de l'Exposition, avant que les Gitanas de Grenade y vinssent faire leur bruyante et triomphante apparition. De là elle passa, si je ne me trompe, dans l'une des deux tentes marocaines de la rue du Caire; puis enfin elle se mit « dans ses meubles » et alla s'installer précisément tout auprès des Gitanas, en un coin de l'espèce de grand bazar au milieu duquel se trouvait le Grand-Théâtre dont elle avait été l'un des premiers ornements.

C'est là que je la vis pour ma part, dans ce petit établissement minuscule qu'on avait baptisé du nom de Concert Tunisien et qui prouverait qu'on peut rencontrer des entrepreneurs de fumisterie même sur les bords africains de la Méditerranée.

La petite salle, toute tendue de tapisserie, mais qui n'avait guère plus d'importance qu'une vaste antichambre, pouvait bien contenir, en les compressant avec énergie, une cinquantaine de spectateurs dont quelques-uns seulement trouvaient le moyen de s'asseoir sur de mauvaises chaises. On y pénétrait brusquement en soulevant une simple portière, et l'on se trouvait aussitôt en face de la scène, c'est-à-dire d'une estrade garnie aussi de tapisserie, sur laquelle était groupé tout le personnel de la troupe. Au fond, sur une sorte de trône exhaussé de deux marches, une grande glace derrière elle, la belle Fatma, tenant un *darabouka* que ses mains mignonnes frappent parfois avec une certaine indolence. A sa gauche, accroupi sur ses pieds, son père, le « colosse de Souze », raclant avec fureur une espèce d'alto qu'il tient comme un violoncelle; auprès de celui-ci, un nègre sans doute authentique, armé d'un tambour de basque, et une femme avec un *darabouka*. A droite de Fatma, une vieille femme tenant un tambour de basque, et trois danseuses ayant chacune en mains un *darabouka*. Enfin, au bas de l'estrade, par conséquent dans la salle même, un piano tenu par une Tunisienne des Batignolles, dont le langage trahit une longue fréquentation avec la plus pure population parisienne.

Le spectacle (un franc pour les civils, les militaires et les bonnes d'enfants) durait bien une douzaine de minutes, et comprenait: 1° une « danse algérienne », qui n'était qu'une fausse danse du ventre exécutée avec un sans-façon exemplaire ; 2° une « danse circassienne », qui avait la prétention d'être une danse des épées, mais dont l'étude n'avait certainement pas coûté grand mal à celle qui s'y livrait ; 3° enfin, une « danse tunisienne », exécutée par la belle Fatma en personne, mais qui ne devait pas faire perler la sueur sur son beau front, car elle pouvait la répéter plusieurs fois par jour sans se fatiguer outre mesure.

LE CONCERT ALGÉRIEN

Concerts tunisiens, concerts marocains, concerts algériens, il y en avait de toutes sortes, et il faut convenir que l'Afrique musicale (!) était amplement représentée à l'Exposition... Il n'y manquait qu'un concert tripolitain, et même un concert congolais. Je les ai vainement cherchés l'un et l'autre ; à mon grand regret, je n'ai pu les découvrir.

Mais pour pénétrer au Concert Algérien, il nous faut quitter le Champ de Mars, abandonner cette rue du Caire dont le souvenir grouillera longtemps encore dans l'esprit des Parisiens, et franchir la distance qui nous sépare de l'Esplanade des Invalides.

Très curieux, ce Concert Algérien, dont le programme nous annonce des « danses mauresques, ouled-naïls, kabyles et nègres, dirigées par trois orchestres. » Il va sans dire qu'ici encore nous retrouvons, comme un cauchemar, l'éternelle danse du ventre, qui nous poursuit de ces hideuses contorsions. Il y en a, fort heureusement, d'un autre genre, et, fort heureusement aussi, les danseuses sont pour la plupart jeunes et jolies. Une surtout, une petite Kabyle de quatorze ans, toute mignonne et toute charmante, qu'on appelait Torkia, et qui, les bras nus et des paillettes sur les joues, exécutait la danse des épées avec une grâce et une crânerie délicieuses. Cette même danse des épées nous était offerte aussi, mais d'une tout autre façon, par une femme plus formée et d'un aspect bien différent, à la physionomie énergique et rude, au regard sec et brillant comme l'acier, qui, tournant sur elle-même d'un mouvement très rapide, jouait avec ses deux sabres recourbés comme avec de simples plumes, les agitant et les brandissant en cadence, en posant tour à tour les pointes sur ses bras, sur sa poitrine, sur son cou, jusque sur ses yeux, et, avec une adresse étonnante, les maintenant en place sans cesser son tourbillonnement, dont elle augmentait au contraire la vivacité, encouragée qu'elle était par le rythme de l'orchestre, qui allait toujours, toujours, toujours s'accélérant. C'était là un spectacle vraiment curieux, intéressant et original, on peut dire saisissant.

Tranchant avec celle-ci, les danses d'almées se faisaient remarquer par certaines attitudes pleines de grâce et de langueur, par un accompagnement musical qui n'était pas toujours sans charme, et auquel parfois venait se joindre le chant. Par exemple, les danses de nègres et de négresses, grotesques sans le vouloir, n'avaient pour elles que leur caractère d'étrangeté vulgaire. A ces danses lourdes et sans grâce je préférais les chansons arabes, d'une couleur savoureuse et pittoresque, que chantait une des femmes en s'accompagnant elle-même sur une sorte de luth oriental appelé *kouitra*.

En somme, les séances du Concert Algérien offraient un intérêt réel à qui était bien préparé pour voir et entendre, et l'originalité n'en était certes pas exclue.

LE CONCERT TUNISIEN DU SOUK

Je n'en saurais dire autant du Concert installé au Souk tunisien. Celui-ci était assez vulgaire, et ne se distinguait par rien de particulier. Je me trompe : il se distinguait par ce fait que les danses des

almées y étaient accompagnées — ô horreur ! — par un piano européen, sur lequel les airs arabes, parfois si curieux, perdaient tout
leur cachet et leur caractère. Le virtuose qui tenait ce piano était
un juif arabe nommé Bennini-Semmama, à qui le séjour de Paris fut
fatal : il tomba malade ici, et mourut dans les derniers jours du
mois d'août. Je ne sais qui lui succéda dans son emploi.

Cela me rappelle un souvenir.

Dans les premiers jours de décembre, la cour de l'Hôtel des Ventes
de la rue Drouot fixait les regards des passants, qui s'arrêtaient,
surpris, devant un amas énorme de divans en tapisserie turque, de
lanternes aux tons criards, de tentures fanées, de guéridons aux
couleurs éteintes, de drapeaux déchirés, de tables, de bancs, de tabourets... Contre le mur, on avait étalé des glaces, sur lesquelles
diverses inscriptions avaient été faites avec des diamants, entre autres celle-ci, que j'ai retenue : *Atcha, je t'aime!* que son auteur avait
heureusement négligé de signer. On se demandait d'où pouvaient
provenir ces étranges débris, qui faisaient, ainsi et pêle-mêle en-
tassés, jetés sans ordre sur le pavé, le plus singulier et le plus mi-
sérable effet.

Or, ce qu'on vendait là, c'était le mobilier du Concert du Souk
tunisien à l'Exposition universelle. C'était la revanche du hasard
contre l'odieuse danse du ventre, qui venait ainsi s'échouer à l'Hôtel
des Ventes, où son succès était moins grand que là-bas, au milieu
des merveilles de l'Esplanade. Car, il faut le dire, tout cela s'est vendu
à vil prix, et tout ce matériel, qui comprenait douze glaces, trente-
deux lanternes, six divans, deux grandes tables turques, des tentures, des drapeaux, des tapis, 100 tabourets, 50 tables-guéridons,
produisit péniblement une somme totale de 1,350 francs. Les tabourets durent être vendus par douzaines, à raison de un franc la
pièce; les guéridons trouvaient à peine acquéreurs à 11 francs
les six, et on avait un divan avec ses coussins pour moins de
25 francs ! *Sic transit...!*

* * *

Nous n'en avons pas fini avec l'Esplanade des Invalides, qui
nous réservait des surprises de plus d'un genre. C'était d'abord
les fantasias si brillantes des cavaliers arabes, spectacle superbe et
presque émouvant que ceux-ci donnaient chaque jour au public
sur la large place formée par les façades des premiers bâtiments
algériens qu'on rencontrait en arrivant par la porte du quai. C'est
là que neuf beaux cavaliers tunisiens se livraient à des évolutions
curieuses, pleines de couleur et de caractère. Malheureusement, et
malgré son succès très grand et parfaitement justifié, ce spectacle
dura peu. Après quelques semaines à peine, ces pauvres diables,

d'une apparence si forte et si robuste, étaient pris de nostalgie et demandaient instamment au commissaire général l'autorisation de retourner dans leur pays. Il y aurait eu cruauté à les retenir malgré eux, et il fallut bien se résigner à les laisser partir.

C'est sur cette même place que, à certaines heures du jour et presque toute la soirée, se réunissait et se faisait entendre la *nouba* algérienne, c'est-à-dire la musique des tirailleurs algériens (turcos), avec ses instruments aux sons perçants et criards. Celle-ci obtenait aussi un vrai succès, mais dû bien plus à la curiosité qu'au sentiment de l'art, car l'art n'a pas grand'chose à faire avec cet assemblage d'instruments primitifs, d'une sonorité stridente et d'une justesse moins qu'approximative, qui vous répète jusqu'à vingt-cinq fois de suite le même motif de seize mesures sur un rythme enragé, scandé par le battement des tambours. Il n'importe; ces braves gens avaient l'air enchantés de se faire admirer et de se voir entourés par tant d'amateurs.

Mais un spectacle unique, un spectacle vraiment intéressant par son étrangeté, par son caractère absolument neuf, par sa couleur toute particulière, par sa variété savante, par son luxe tout oriental, par son allure, par son mouvement, par le sentiment pittoresque qui s'en dégageait, par le milieu même dans lequel il se produisait, c'est le grand défilé de la procession du Dragon de l'Annam, pièce de résistance des quatre grandes fêtes de nuit qui furent données à l'Esplanade quatre mardis de suite, les 13, 20 et 27 août et 3 septembre. J'ignore qui avait réglé ce cortège étonnant, prodigieux, stupéfiant et tel qu'on n'en reverra jamais, mais certainement celui-là, quel qu'il soit, a fait preuve d'une habileté peu commune et mérite les éloges les plus complets de tous ceux qui possèdent à un degré quelconque ce sentiment de l'art dont je parlais il n'y a qu'un instant.

Qu'on se figure, parcourant l'Esplanade, dont les parterres, la pièce d'eau, les pavillons et tous les bâtiments étaient brillamment illuminés, un cortège ainsi composé : en tête, une musique arabe; puis, sur des chevaux de troupe, neuf cavaliers, dont quatre spahis et cinq Sénégalais, à la tête noire fière et superbe; un groupe de spahis à pied; Tunisiens et Algériens portant étendards, oriflammes et bannières; janissaires à pied; la *nouba* des tirailleurs algériens; dans des pousse-pousse, tous en grands costumes d'apparat, les acteurs du Théâtre Annamite, les almées des différents concerts tunisiens, algériens et marocains, les femmes sénégalaises, enfin les petites danseuses javanaises, toujours souriantes, toujours gracieuses, toujours aimables; un grand palanquin, portant encore quelques femmes; les Canaques de la Nouvelle-Calédonie, couverts de leurs hideux et effroyables masques de guerre; les nègres du

Gabon, du Congo et du Sénégal, avec leurs musiques ; et enfin, pour fermer le défilé, le Grand Dragon de l'Annam, aux longs replis tortueux, comme la Tarasque provençale, entouré de ses prêtres et de ses servants. Ce long cortège, se déroulant entre une double haie de porteurs de torches et de lanternes, le son de toutes ces musiques jouant ensemble et dont la cacophonie semblait presque harmonieuse, les cris et les exclamations des uns, les mouvements singuliers et les contorsions des autres, les applaudissements du public, tout cela, par une belle soirée d'été, au milieu de flots de lumière, avec des feux de bengale qui d'instants en instants semblaient enflammer les arbres et les bosquets, tout cela était unique, féerique et sans précédent. Qui ne l'a pas vu ne peut se figurer, dans de telles conditions, l'effet d'un tel défilé.

* * *

Maintenant, et quand j'aurai rappelé, ne fût-ce que pour mémoire, le spectacle, vraiment grandiose et vraiment artistique, celui-là, que nous offrit, au Palais de l'Industrie des Champs-Élysées, l'exécution superbe de la belle *Ode triomphale* de Mlle Augusta Holmès, j'aurai, je crois, mis en évidence tout ce qui, de près ou de loin, directement ou indirectement, nous a été offert par l'Exposition universelle de 1889 touchant le théâtre et tout ce qui s'y rattache d'une façon quelconque. C'est la première fois, je l'ai dit en commençant, qu'une grande exhibition internationale nous met à même de passer ainsi en revue, même d'une façon incomplète, une foule de choses et d'objets se rapportant à un art que tous les peuples civilisés cultivent aujourd'hui avec une passion si ardente, et qui semble avoir atteint son plus haut point de développement. Aucune Exposition ne pourra se tenir désormais, après un tel exemple, sans que le théâtre y trouve la place qu'il est en droit d'occuper et d'exiger. Au point de vue général, le succès qu'il a obtenu et l'accueil qu'il a reçu en cette circonstance n'ont pas été sans influence sur le succès d'ensemble de l'Exposition même, et il est certain que s'il y avait manqué, quelque chose manquerait au triomphe colossal de celle-ci.

C'est ce qui m'a engagé à entreprendre ce travail, dont je ne prévoyais pas moi-même tous les développements, et ce qui me fait croire que sa publication ne sera pas peut-être sans quelque utilité.

FIN

TABLE DES MATIÈRES

www.ingramcontent.com/pod-product-compliance
Lightning Source LLC
Chambersburg PA
CBHW071557220526
45469CB00003B/1042